Laurent Amann | Asim Aliloski

Mein Hund hat eine Seele

Was Ihr Hund schon immer sagen wollte & was Sie von ihm lernen können

Der ganzheitliche Ratgeber für Hund & Mensch

GOLDEGG VERLAG

Bildrechte Autorenfoto: Alex Munteanu/Kats Make up & Photography
Bildrechte Umschlag: Toloubaev Stanislav – shutterstock.com
Hundebild Seite 99: © majivecka – Fotolia

Der Verlag und seine Autoren sind für Reaktionen, Hinweise oder Meinungen dankbar. Bitte wenden Sie sich diesbezüglich an verlag@goldegg-verlag.com

Der Goldegg Verlag achtet bei seinen Büchern und Magazinen auf nachhaltiges Produzieren. Goldegg Bücher sind umweltfreundlich produziert und orientieren sich in Materialien, Herstellungsorten, Arbeitsbedingungen und Produktionsformen an den Bedürfnissen von Gesellschaft und Umwelt.

ISBN Taschenbuch: 978-3-99060-114-3
ISBN Hardcover: 978-3-902991-36-2
ISBN E-Book: 978-3-902991-37-9

Friedrichstraße 191 • D-10117 Berlin
Telefon: +49 800 505 43 76-0

Goldegg Verlag GmbH, Österreich
Mommsengasse 4/2 • A-1040 Wien
Telefon: +43 1 505 43 76-0

E-Mail: office@goldegg-verlag.com
www.goldegg-verlag.com

Layout, Satz und Herstellung: Goldegg Verlag GmbH, Wien
Druck und Bindung: FiniDR, CZ

Inhaltsverzeichnis

Vorwort von Asim Aliloski

Wenn sich im Paradies eine Menschenseele und eine Hundeseele begegnen, muss sich die Menschenseele vor der Hundeseele verneigen.
(Sibirisches Sprichwort)

Vor wenigen Jahren wechselte ich besonders unauffällig den Gehsteig, wenn ich Hunden auf der Straße begegnet bin. Bei nächtlichen Joggingrunden schwitzte ich mehr aus Angst, als aufgrund der sportlichen Anstrengung. Anscheinend spürten die Vierbeiner meine innere Aufregung. Immer wieder griffen sie mich mit lautem Bellen und bösem Knurren an. Ich entschied mich dann gegen die nächtlichen Laufrunden in meiner Umgebung und für das sicherere Sportstudio.

Jetzt, ein Jahrzehnt später, lebe ich mit einem großen schwarzen Hund im gemeinsamen Haushalt, der mich aber nicht ängstigt, sondern in Staunen versetzt. Mit einigen Bedenken hatte ich ihn damals als Welpen empfangen und dachte naiverweise, dass so ein Hund mit gutem Futter, viel Bewegung und einigen Kuschelstunden wunschlos glücklich sein wird. Ich muss zugeben, dass ich mich geirrt habe.

Schon als Welpe zeigte der schwarze Pudel ein ungewöhnliches Verhalten, das mich leicht stutzig machte. Bei unseren Gassi-Runden nahm sich mein Vierbeiner reichlich Zeit, sich auf einen beliebigen Gehsteig hinzusetzen und mit größter Neugier und Faszination Menschen zu beobachten. Er beobachtete ruhig sitzend vorbeigehende Passanten, manchmal so lange, bis sie aus seinem Blickfeld verschwanden. Ich dachte mir zunächst nichts dabei, bis ich später begann, mit ihm zu beobachten. Ich stellte mir die Frage, was er denn sieht, was ich nicht sehe. Ich wollte verstehen, was ihn so sehr beeindruckt. Es sind doch nur Menschen, die vorbeigehen, oder sah er doch mehr als ich?

Eines Tages setzte er sich unaufgefordert vor mich hin und starrte nun mich an. Er schaute mir ganz tief in die Augen, ohne nach Futter oder Aufmerksamkeit zu betteln. Leicht irritiert versuchte ich den Grund für unser ungewöhnliches Augen-Rendezvous herauszufinden, was mir nicht gelang. Ich gebe zu, dass es auch Momente gab, in denen ich mich etwas unwohl und nervös fühlte. Dieser bestimmte Blickkontakt, diese Ruhe, diese Tiefe des Sehens, hypnotisierte und beunruhigte mich zugleich.

Der Königspudel blieb jedoch hartnäckig. Immer wieder nahm er die Mühe auf sich, tieferen Kontakt zu mir aufzunehmen. Die ersten Male blieb er erfolglos, doch eines Tages konnte ich nicht mehr wegsehen. Ich blickte nicht mehr weg und stand auch nicht nervös auf, um so zu tun, als hätte ich etwas zu erledigen. Ich schaute genauso intensiv in seine Augen. Im Lauf der Minuten entstand eine tiefere Begegnung. Ich spürte bewusster meine Atmung und alle Gedanken der Unruhe und Gefühle der Nervosität zogen an mir vorbei. Eine innere Stille machte sich in mir breit und neue Fragen kamen plötzlich zum Vorschein. »Was will er mir sagen?«, fragte ich mich. Hat er eine bedeutsame Botschaft für mich? Sieht er etwas, das ich nicht sehe?

Mir war von dem Moment an klar, dass seine Bedürfnisse weitaus tiefer gehen, als ich es bisher geglaubt hatte. Er will nicht nur, dass ich ihn gut füttere, erziehe, bewege und liebe. Nein, das reicht ihm nicht. Er will mehr. Er will mir etwas sagen. Er hat ganz klare Botschaften für mich, die er mir verraten will. Während unserer Begegnung hatte ich das Gefühl, dass mir mein Vierbeiner tief in die Seele blickt. Doch ist es etwas Geheimnisvolles, das er mir offenbaren möchte? Und welche Botschaften will er mir verraten? Werde ich sie auch entschlüsseln können?

Liebe Leserinnen und Leser,

ich bin sehr erfreut darüber, dass Sie dieses Buch in Ihren Händen halten. Denn Sie werden auf den nächsten Seiten erfahren, was Ihnen Ihr Hund schon immer sagen wollte. Sie sind nun empfänglich für die bedeutsamen Seelenbotschaften Ihres Vierbeiners, die er für Sie bereithält. Doch bevor Sie die magische Tür zur Seele Ihres Hundes öffnen können, müssen Sie vorher seine biologischen, psychologischen, kommunikativen und pädagogischen Bedürfnisse erfüllen, auf die wir Schritt für Schritt genauer eingehen werden.

Sie erhalten faszinierende Einblicke in die telepathischen und intuitiven Fähigkeiten Ihres Vierbeiners und erfahren, was er in der Kommunikation mit Menschen wirklich wahrnimmt. Außerdem lüften wir die Geheimnisse der natürlichen Führungsqualitäten eines Hundebesitzers mit Ausstrahlung. Sie lernen alles über gefühlvolle und ganzheitliche Hundeerziehung mit genügend praktischen Tipps und können so mühsame Erziehungsregeln, die Ihnen und Ihrem Vierbeiner nichts bringen, hinter sich lassen.

Sie halten einen alternativen und ganzheitlichen Ratgeber für Hund und Mensch in Ihren Händen, der Sie über die verborgenen Lebenslektionen der Hunde informiert, die diese an uns Menschen stellen und damit für unsere persönliche spirituelle Entwicklung sorgen. Mit den vier Seelenbotschaften können Sie sich und die Verhaltensprobleme Ihres Hundes mit neuen Augen sehen. Staunen Sie selbst darüber, aber noch wichtiger: Staunen Sie über Ihren eigenen Hund, mit dem Sie zusammenleben.

Genießen Sie dieses Buch, wir wünschen Ihnen noch viele magische Begegnungen mit Ihrem Haustier. Lassen Sie sich davon überraschen, was es Ihnen alles zu erzählen hat. Ich bin auch schon gespannt auf die nächsten Seelentreffen mit meinem Vierbeiner und darauf, was er mir noch alles verraten wird.

Mehr Infos zum Buch und weitere Produkte finden Sie auf: www.hundeseele.info

Asim Aliloski

»Wir widmen dieses Buch allen Hundeseelen, die das Leben des Menschen bereichern.«

»Lokah Samastah Sukhino Bhavantu«

I. DIE FASZINATION HUND

Warum wir Hunde lieben

Es gab eine Ansammlung von vier bis fünf runden Hütten, am Fuße eines Berges gelegen, nicht weit von einem glasklaren Fluss entfernt, von Wald und Wiesen umgeben. Hier hielten sich für einige Monate kleine Familienverbände von Menschen auf. Ihre Ahnen waren Nomaden. Sie zogen jeden Tag durchs Land. Sie waren ausschließlich Jäger und Sammler. Sie mussten also dem Wild sowie den reifen Früchten und Beeren folgen. Sie waren vom Wetter, von den Jahreszeiten, aber auch von Naturkatastrophen abhängig. Vom Hunger getrieben mussten sie jeden Tag weiterziehen und wandern.

Mit den Jahrhunderten haben sie gelernt, die Natur zu ihrem Vorteil zu nuten. Nun bauen sie bereits Getreide an, halten einige wilde Tiere in Gehegen, locken den Fisch zu sich und züchten Hühner, um sich von deren Eiern zu ernähren. Dies bietet ihnen die Möglichkeit zeitweise sesshaft zu werden. Sie bauen widerstandsfähigere Hütten, die sie vor starkem Regen und der Kälte schützen. Die Menschen verbringen mehr Zeit zusammen, ein komplexes Sozialsystem entsteht. Mit ihm entwickeln sich aber auch

Gefühle von Besitz, Neid und Verteidigung. Die Umwelt um die Siedlungen herum beginnt sich durch den Eingriff des Menschen zu ändern, so auch die Tiere.

Igel, Ratten und andere kleine Säugetiere werden von den Siedlungen angezogen. Hier finden sie immer Futterreste und sogar einen gewissen Schutz vor Feinden wie Kojoten und Raubvögeln. Für die meisten Dorfbewohner ist jedoch noch unklar, wer die großen Elchknochen und harten Sehnen verspeist, die nach dem Festmahl der Menschen übrig bleiben. Es kann unmöglich ein kleiner Igel gewesen sein. Wohin verschwinden diese großen Futterreste und welches Tier hat sich in die Dorfsiedlung eingeschlichen?

Diese Frage stellt sich auch ein kleiner Junge aus der Siedlung. Jeden Abend werden die Essensreste auf einen bestimmten Platz, einige Hundert Meter von der Siedlung entfernt, gebracht, und am darauffolgenden Vormittag ist ein großer Teil davon verschwunden. Wer besucht sie in der Nacht und nimmt die Reste mit? Dieser Frage will der Junge nachgehen. Er beschließt, den Haufen Knochen zu bewachen. Er beobachtet, was in der Nacht mit ihm geschieht. Seine Neugier will das Geheimnis der verschwundenen Knochen auflösen.

Nach einigen Stunden nächtlicher Beobachtung hört er raschelnde Geräusche im Gebüsch. Er ist gespannt. Was wird auf ihn zukommen? Wer oder was wird die Knochen wegnehmen? Sind es die Nachbarn? Doch bald fällt die Spannung wieder ab, es ist nur ein Kaninchen, das frisches Gras sucht. Einige Stunden später spürt er ein prächtigeres Lebewesen, kraftvoller, mysteriöser, mächtiger. Er kann es noch nicht sehen, aber hört und fühlt es ganz nah. Er spürt, dass das die Lösung des Rätsels ist. Was er hier fühlt, wird sein Leben verändern. Er weiß nicht wie, er weiß nicht warum, aber er weiß es.

Mit dem grellen Licht des Vollmonds erblickt er die Gestalten, die sich den Knochenresten nähern. Er kann sie nicht ganz zuordnen, sie sind zu weit von ihm entfernt. Auf jeden Fall bewegen sie sich auf vier Beinen, sehr vorsichtig, gehen dauernd in geduckter Körperhaltung hin und her. Er will mehr sehen und nähert sich kriechend dem Knochenhaufen. Doch das waren zu viel Neugier und zu wenig Geduld. Die geheimnisvollen Tiere erschrecken und rennen davon, zurück in die Dunkelheit. In dieser Nacht tauchen sie nicht mehr auf.

Der Junge gibt nicht auf, er ist so nah am Ziel. Er verbringt jede einzelne Nacht draußen. Jede Nacht kommen die Vierbeiner, die er aufgrund seiner Gespräche mit Erwachsenen nun als Wölfe bezeichnen kann. Jeden Tag kann er sich einige Zentimeter näher an die Wölfe herantasten. Sie nehmen ihn wahr, erkennen auch schon, dass er keine Gefahr für sie ist. Trotzdem sind sie vorsichtig und bleiben auf Distanz. Sie nehmen sich einige Knochen, harte Sehnen und Hautreste. Manchmal fressen sie gleich vor Ort, manchmal nehmen sie sie mit in die tiefe Dunkelheit.

Eines Nachts sieht der Junge kleinere Gestalten mit den Wölfen mitlaufen. Sie sehen tollpatschig aus. Sie sind nicht sehr diskret, springen herum, winseln, laufen einander hinterher. Es sind Welpen, die den erwachsenen Wölfen folgen. Der Junge sieht hier seine Chance, Kontakt mit den Tieren aufzunehmen. Die Jungen scheinen sehr neugierig und furchtlos zu sein, im Gegensatz zu den Erwachsenen, die übervorsichtig sind. Der Junge streckt seine Hand aus und hofft so, die Welpen zu sich locken zu können.

Nach einigen Minuten nähert sich auch bereits der erste! Der Junge freut sich. Er würde am liebsten hinlaufen und den Kleinen umarmen, doch er hält sich zurück. Er hat gelernt, Geduld zu haben. Der Welpe nähert sich zusehends. Beide Herzen schlagen wie verrückt, doch kurz bevor Welpe und Junge sich berühren, kommt die Mutter angesprungen und knurrt den Jungen mit tiefer Stimme an. Durch seine Beobachtungen hat der Junge gelernt, dass die-

ses Knurren ernst gemeint ist. Er muss sich zurückziehen, wenn er nicht gebissen werden will. Enttäuscht geht er zurück zur Siedlung.

Monate später tauchen die Wölfe wieder mit neuen Welpen auf, dieses Mal sind sie noch kleiner. Einer der Welpen sieht krank aus. Er ist schwach und unterernährt. Als das Rudel nach dem Essen wieder in den Wald zieht, verpasst der schwache Welpe den Start. Er kommt ihnen nicht nach, bleibt sitzen und heult. Doch das Rudel kehrt nicht zurück. Der Junge hat Mitgefühl. Er entscheidet, den Welpen zu sich zu nehmen, bis er wieder gesund ist.

Jeden Tag ernährt der Junge den Welpen mit Fleisch und Wasser. Jeden Tag geht es dem Kleinen etwas besser. Er sammelt Kraft, wird wieder gesund und entwickelt sich blendend weiter. Er folgt seinem jungen Helfer überall hinterher, doch angreifen lässt er sich nicht. 10 bis 15 Meter Distanz sind ihm am angenehmsten. Zu den anderen Wölfen hält er allgemein Distanz. Auch sie ignorieren ihn, als würde er nicht zu ihnen gehören und so bleibt er ein Leben lang mit seinem Beschützer zusammen.

Eines Tages hört der Junge von einer Geschichte, ein Mädchen hätte auch einen Welpen gerettet. Er entscheidet, sie besuchen zu gehen. Die bereits groß gewordenen Welpen freuen sich und spielen zusammen. Hier und da werden immer öfters Geschichten von Menschen erzählt, die Wolfswelpen gerettet und aufgepäppelt haben, und die nun mit dem Menschen zusammenleben. Dann kommt das große Ereignis: Einer dieser vom Menschen aufgezogenen Wölfe bekommt Nachwuchs. Vom ersten Tag an werden sie vom Menschen berührt und beschaut. Sie entwickeln sich schnell und sind weniger scheu als ihre Eltern. Sie lassen sich angreifen und scheinen sogar Anweisungen vom Menschen zu verstehen. Sie schauen den Menschen oft an, nehmen aktiv Kontakt mit ihm auf, wollen beim Menschen und für ihn da sein.

Mit der Zeit werden immer öfters Welpen in den Siedlungen geboren. Eine neue Generation, die mehr Erfahrung mit Menschen sammelt. Jede Generation integriert sich besser ins Leben der Menschen. Sie beginnen sogar die Werte der Menschen zu verstehen: der Besitz von Rindern, von Häusern, von Feldern und auch die Rivalität zwischen verschiedenen Siedlungen. Sie werden zu treuen Gefährten und unterstützen ihre Menschen im Verteidigen ihres Besitzes. Bald begleiten sie die Menschen auch auf die Jagd. Hier sind sie hoch geschätzt, da sie Wild mit ihrer Nase viel schneller entdecken, als der Mensch es mit seinen Augen kann. Mit der Zeit werden nur noch die schnellen und laut bellenden Hunde zur Jagd mitgenommen. Die kleineren bleiben bei der Familie zu Hause und wärmen die Füße der Zweibeiner.

Langsam entstehen Hunderassen. Jede Rasse hat ihre Stärken und Spezialitäten, die mit jeder Generation weiterentwickelt werden. Jäger nutzen die Zuchthunde für die Arbeit und die Hunde wissen, was zu tun ist: Der erste findet die Spur eines Rehs. Der zweite umkreist das Reh und verbellt es in Richtung Mensch, dieser kann es dann bequem erschießen. Andere Hunde laufen im Rudel Füchsen bis zur Erschöpfung nach. Einige wiederum sind auf die Wasservogeljagd spezialisiert. Entweder sie hetzen die Enten in die Fangnetze oder sie bringen geschossene Vögel zu ihren Jägern zurück. Manche Hunde treiben agil Schafs- und Rinderherden, andere schützen sie vor ihren Ahnen, dem Wolf.

Der Adel züchtet hingegen Begleithunde, die einfach nur schön aussehen sollen. Die Mayas brauchen Hunde, die ihre Tempel bewachen. Andere züchten Wüstenhunde, die über die heißen Dünen jagen können. Wer hätte damals gedacht, dass Hunde über die nächsten Jahrhunderte den Menschen dienen werden?! Und wer hätte damals gedacht, dass sie mehr über uns wissen, als wir das im ersten Moment vermuten würden …

Gib dem Menschen einen Hund
und seine Seele wird gesund.
(Hildegard von Bingen)

Unsere Ahnen liebten Hunde

Hunde haben alle großen Zivilisationen des »modernen« Menschen begleitet. In Ägypten standen sie beispielsweise dem Pharao zur Seite. Nur er durfte reinrassige Hunde züchten. Sie waren heiliggesprochen, ebenso wie Katzen. Gemäß den damaligen Abbildungen waren altägyptische Hunde den aktuellen Saluki-Windhunden am ähnlichsten. Diese werden von einigen Religionen immer noch als einzige reine Hunderasse anerkannt. In den arabischen Ländern zählen sie sogar, gemeinsam mit den Pferden und Greifvögeln, zu den Schätzen eines Scheichs.

Hunde waren nicht nur von den ägyptischen Pharaonen hoch geschätzt, sondern sind auch in deren Mythologie göttlich vertreten. So wird der altägyptische Gott Anubis, der Gott der Totenriten, mit einem Hunde- oder Kojotenkopf abgebildet. Er führt die Seele des Verstorbenen ins Land der Toten, indem er den Weg zeigt und für sie sorgt. Der Hund war ein Wegbegleiter, genau wie in unserer heutigen Gesellschaft. Für die Altägypter war er auch Wächter der sterblichen und unsterblichen Energien.

In vielen alten Kulturen hat der Hund diese Rolle des Wächters und Begleiters. Er bewacht vor allem Zugänge und Tore, die in die »Anderswelt« führen. Er achtet darauf, dass Lebende nicht in das Reich der Toten eindringen und Verstorbene das Tor zwischen den zwei Reichen nicht durchschreiten. Er wacht über Tempel, Paläste, Grabeingänge und später auch Schlösser. Seine Aufgabe ist es, gefährliche

Geister und destruktive Energien von diesen heiligen Orten fernzuhalten.

In Japan galt der Hund lange als Symbol für Macht, Status, Gesundheit und Wohlergehen, nur die oberste Klasse durfte Hunde halten. Diese beschützten ihre Besitzer vor negativen Kräften, im Traum und in der Realität. Hunde waren so wertvoll, dass sie unbezahlbar waren. Sie konnten nur verschenkt werden, was als höchste Ehre angesehen wurde.

Allgemein steht der Hund als Sinnbild absoluter Treue, bedingungsloser Liebe, ewiger Wachsamkeit, Tugendhaftigkeit und Wahrhaftigkeit. Er wacht über seinen Besitzer und dessen Schätze, im Leben und nach dem Tod. Ein im chinesischen Sternzeichen als Hund geborener Mensch zeigt ebenfalls typische Eigenschaften unserer Vierbeiner: Er ist der ideale Wegbegleiter, gutherzig und ein Freund fürs Leben, auf den man sich immer verlassen kann.

Was verbirgt sich hinter dieser Mythologie? Wie viel Wahrheit steckt in den Annahmen des Menschen, dass Vierbeiner auch übersinnliche und spirituelle Wesen sind? Sind sie etwa mehr als nur süße und treue Wegbegleiter, die uns schöne Stunden bereiten können? Wir sind der Meinung, dass Tiere und insbesondere Hunde eine Weisheit in sich tragen, von der wir Menschen kaum etwas wissen. Sie sind nicht nur übersinnliche Wesen mit übernatürlichen Fähigkeiten, sondern auch Übermittler von Botschaften, die dem Menschen dabei helfen können, ein erfüllteres und glücklicheres Leben zu führen.

Faszinierende Einblicke in das Wunderwerk Hund

Im deutschsprachigen Raum leben rund fünf bis sechs Millionen Hunde. Doch im Vergleich zu früher hat sich die Rolle des Hundes drastisch verändert: Unsere Großeltern hielten Hunde als Arbeitstiere, die den Hof bewachten, Rinder trieben und mit auf die Jagd gingen. Heutzutage halten wir Hunde, um mehr Sport zu machen, damit wir uns um sie kümmern können, um neue Kontakte zu knüpfen, mehr an der frischen Luft zu sein, sie vor Tötungsstationen oder Tierheimen zu retten sowie als Kinder- und Partnerersatz. Hunde befriedigen unser Bedürfnis nach Kontakt und Nähe, geben unserem Leben einen Sinn und bringen uns bei, Verantwortung für sie zu übernehmen.

Hunde können aber weitaus mehr. Wir verpassen sehr viel, wenn wir unsere Vierbeiner nur mit den uns bekannten Sinnen sehen. Hunde sind ganz bezaubernde, hoch intuitive, sensible, magische und spirituelle Wesen, die auch aus ganz anderen Gründen mit dem Menschen zusammenleben. In einem Alltag voller Gassi-Gänge, Pflege und Fütterung vergessen wir nur leider schnell, welche tiefe und verborgene Bedeutung sie für uns Menschen haben.

Die nächsten Seiten dieses Buchs laden Sie zu einer neuen Reise ein, auf der Sie beginnen, Ihren Hund mit ganz anderen Augen zu sehen. Wir möchten Sie in Staunen versetzen und Schritt für Schritt das Tor zur Seele Ihres Hundes öffnen. Werfen wir zunächst aber einen schärferen Blick auf die Faszination, die Hunde auf uns Menschen ausüben.

- Hunde strahlen Ruhe, Harmonie, Liebe und Lebensfreude aus. Unvermeidlich bringt uns das mit unserer eigenen Sehnsucht nach Frieden und Spaß im Leben in Berührung.
- Hunde sind intuitive und gefühlvolle Wesen, die ihre eigenen Emotionen und die ihres Besitzers wahrnehmen. Sie fühlen oftmals unsere Trauer, unsere Freude und un-

sere Ängste und bringen uns dadurch in Verbindung mit unseren eigenen Emotionen.

- Hunde leben im Einklang mit der Natur. Sie schätzen Waldspaziergänge, das Toben und Spielen auf der Wiese und die Vielfalt in der Natur. Das führt auch uns hinaus ins Grüne, in die Ruhe und innere Balance.
- Hunde sind treue Wesen, die bedingungslos lieben. Sie zeigen uns tagtäglich, dass sie uns akzeptieren, auch wenn wir nicht perfekt sind. Sie bringen uns damit bei, selbst bedingungslos zu lieben und zu akzeptieren.
- Hunde leben im Hier und Jetzt. Sie haben keine Zukunftssorgen und denken kaum an die Krisen der vergangenen Jahre. Das hilft uns dabei, von unseren Sorgen der Vergangenheit und Zukunft loszulassen und diese Leichtigkeit im Zusammensein zu genießen.

Hunde bringen uns wieder in Balance, sie verbinden uns mit unseren eigenen Wurzeln. In einer Welt, in der Dinge kompliziert, undurchschaubar und verfälscht ablaufen, zeigen Hunde ein anderes Verhalten, das wir von vielen unserer Mitmenschen noch nicht kennen: Sie sind einfach, transparent, loyal und vertrauensvoll. Diese Charaktereigenschaften schätzten bereits die Urvölker und Schamanen, die dem Hund ganz außergewöhnliche Heilkräfte zugesprochen haben. Litt beispielsweise ein Stammesmitglied unter negativen Emotionen, baten Heiler die Seele des Hundes, ihm zur Hilfe zu kommen. Diese Krafttierwesen sollten ihm dabei helfen, alte Gefühle loszulassen und die eigene Mitte wiederzufinden.

Hunde tun sehr viel für uns Menschen, doch was tun wir konkret für sie? Reichen ihnen die täglichen Gassi-Runden und Mahlzeiten? Was, wenn ihr Bedürfnis nach Liebe und Kuscheln nicht alles ist, das wir ihnen erfüllen können? Können wir mehr für sie tun und bessert sich dann auch die Beziehung zum Vierbeiner? Was verändert sich mit einer neuen Beziehung?

Ganz einfach: Es verändert sich Ihr ganzes Leben. Sie beginnen, in einer neuen Art und Weise zu kommunizieren und Botschaften auszutauschen. Nicht nur mit Ihrem Hund, sondern auch mit Ihren Mitmenschen. Sie erfahren, wie und warum Ihnen Ihr Hund helfen will und was derzeit Ihre größten Herausforderungen im Leben sind. Sie erkennen auch immer klarer seine Wünsche und Bedürfnisse und beginnen damit, eine noch erfüllendere und gleichzeitig faszinierendere Beziehung mit Ihrem Vierbeiner zu führen.

Sie achten dann immer mehr darauf, seine biologischen, psychologischen, kommunikativen und pädagogischen Bedürfnisse ausreichend zu erfüllen. Im Gegenzug erhalten Sie nicht nur seine ewige Liebe, Treue und Gesundheit, sondern eine magische Begegnung mit der Seele Ihres Hundes. Seine Seele liebt sie und möchte nur das Beste für Sie. Sie hat auch ganz klare Botschaften für uns Menschen, die wir entschlüsseln können. Verstehen wir, was die Seele unseres Hundes uns verraten will, öffnen wir einen neuen magischen Raum für Heilung und Entwicklung. Wir haben dann einen Schlüssel in der Hand, mit dem wir Konflikte des Lebens mit mehr Intuition und Gefühl meistern können. Vor uns steht ein ganz neuer Hund, der ein weiser Lehrer auf dem Weg zu einem glücklichen und erfüllten Leben ist.

Doch bevor wir die kraftvollen Heilkräfte unserer Hunde spüren können, müssen wir zuerst erkennen, was ein Hund überhaupt ist: Ein Lebewesen mit biologischen und psychologischen Bedürfnissen, die entmenschlicht und wieder »vernatürlicht« gehören. Wir können erst dann tiefer in den Geist eines Lebewesens blicken, wenn wir zuvor seine grundlegenden Bedürfnisse verstanden haben.

Welche Bedürfnisse haben Tiere, insbesondere Hunde? Wir wissen, dass ein Hund Ernährung, Erholung, Beschäftigung, Pflege und die richtige Erziehung benötigt. Ist das alles oder ist es nun an der Zeit, noch tiefer zu blicken und den Hund in seinem Wesen breiter zu verstehen?

Die Bedürfnisse Ihres Hundes erfüllen

Als Hunde noch Arbeitstiere waren, dachten Menschen, dass diese kaum Bedürfnisse haben, lediglich das Fressen und Schlafen sei ihnen wichtig. Die Menschen haben sich geirrt. Erst jetzt erkennen wir, dass Hunde weitaus mehr Bedürfnisse haben, als bisher angenommen. Mit der Zeit wird uns Menschen immer mehr klar, dass Tiere Gefühle haben und die Sorgen und Freuden ihres Besitzers teilen. Aber nicht nur das: Tiere wissen instinktiv, was für den Menschen gut ist und verhalten sich dementsprechend. Tierbesitzer berichten darüber, dass Sie das Gefühl haben, ihr Haustier könne sogar manchmal ihre Gedanken lesen. Sie wissen intuitiv, was zu tun ist, ohne dass man es ihnen vorher sagen musste.

Bedürfnisse sind wichtig, damit wir uns entdecken und herausfinden können, wer wir wirklich sind. Erst durch unsere Bedürfnisse wird uns klar, was wir wollen und wovon wir besser Abstand halten sollen. Mit der Zeit wissen wir dann, welches Potenzial, welche Fähigkeiten und Talente in uns stecken. Wir haben nämlich in der Regel das Bedürfnis, diese im Job oder in der Freizeit auszuleben. Tiere und vor allem Hunde sind da nicht anders. Sie verspüren genauso den Drang, sich selbst zu entdecken und weiterzuentwickeln. Erfüllen wir die Bedürfnisse unserer Haustiere, macht das nicht nur uns selbst glücklich, sondern auch unseren Vierbeiner.

Dabei hilft Ihnen die Hunde-Bedürfnispyramide, die auf den ersten Blick die eine oder andere Frage aufwirft. Haben Hunde wirklich kommunikative und seelische Bedürfnisse? Worin liegt der Unterschied zwischen den pädagogischen Bedürfnissen und dem Grundgehorsam aus der Hundeschule? Was verbirgt sich hinter den psychologischen Bedürfnissen eines Hundes?

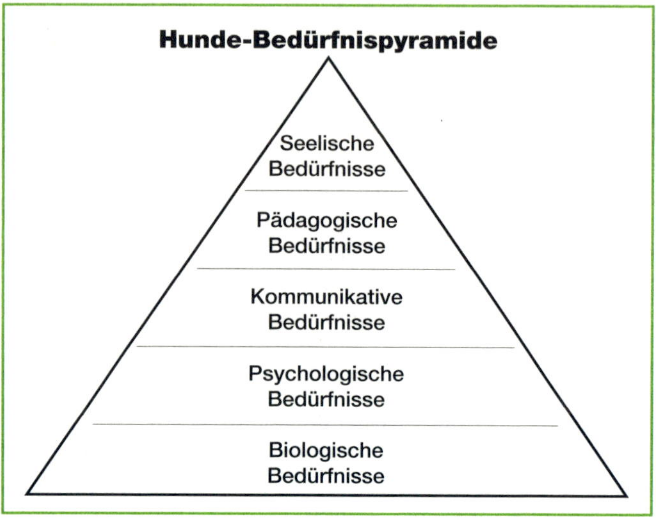

Hunde-Bedürfnispyramide von Laurent Amann

Wir erklären Ihnen Schritt für Schritt die Bedeutung der Hunde-Bedürfnispyramide und zeigen Ihnen übersichtlich, worauf Sie achten sollen. Wir zeigen Ihnen in diesem ganzheitlichen Ratgeber für Hund und Mensch, wie Sie bisherige Grundbedürfnisse Ihrer Vierbeiner noch besser erfüllen können, bringen aber auch jene Bedürfnisse von Hunden zur Sprache, von denen viele Menschen bislang nur wenig Ahnung hatten. Wir haben uns im Zuge dessen wichtige Fragen gestellt und sie auf den nächsten Seiten biologisch, wissenschaftlich und intuitiv beantwortet.

1. Schritt: Biologische Bedürfnisse erfüllen
- Welches Hundefutter ist natürlich und gesund?
- Welche Ruhe/Aktivität-Balance brauchen Hunde?
- Wie beschäftigen Sie Ihren Hund und halten ihn geistig fit?

2. Schritt: Psychologische Bedürfnisse erfüllen
- Wie kommunizieren Hunde untereinander wirklich?
- Wie können Sie zu einem gefühlvollen Rudelführer mit Ausstrahlung werden?
- Was müssen Sie tun, damit Sie Ihren Hund führen, ohne zu dominieren?

3. Schritt: Kommunikative Bedürfnisse erfüllen
- Was nehmen Hunde in der Kommunikation mit Menschen wirklich wahr?
- Was können Sie in der Kommunikation mit Hunden alles richtig oder falsch machen?
- Funktioniert telepathische oder mentale Kommunikation mit Tieren auch zu Hause?

4. Schritt: Pädagogische Bedürfnisse erfüllen
- Wie können Sie einem Hund etwas ohne Druck, Gewalt oder Unterwerfung beibringen?
- Welche fünf Manieren brauchen Hunde und was ist der Unterschied zum Grundgehorsam?
- Worauf müssen Sie beim Bestrafen oder Sanktionieren eines Verhaltens achten?

5. Schritt: Seelische Bedürfnisse erfüllen
- Was können wir von Hunden über unsere Persönlichkeit und unser Seelenleben lernen?
- Welche bedeutsamen Seelenbotschaften haben Hunde für den Menschen?
- Was ist die Ursache von Verhaltensproblemen und wie lassen sich diese alternativ heilen?

II. DIE BIOLOGISCHEN BEDÜRFNISSE ERFÜLLEN

Gesund füttern, bewegen, beschäftigen & pflegen

Ein kleiner Schäferhund-Welpe kommt mit acht Wochen genau zu Weihnachten in seine neue Familie. Die Eltern werden die freudigen Gesichter der Kids, die ihn versteckt unter einer Decke entdeckt haben, nie vergessen. Sie laufen alle hysterisch herum, umarmen ihr neues Familienmitglied und werfen ihm die ersten Spielsachen zu. Sie lieben den Hund vom ersten Moment an. Sie basteln ihm sogar gleich einen goldenen Stern und hängen ihn auf sein neues Halsband.

Es ist der erste Hund der Familie. Keiner hatte bisher engen Kontakt, weder zu Hunden noch zu anderen Tieren, sie bewundern jedoch den Hund der alten Nachbarin. Immer wieder sahen sie ihn ganz brav bei Fuß neben der alten Dame spazieren gehen. Die beiden strahlten so viel Ruhe und Gelassenheit aus und genau das wünschen sich die Eltern auch für ihre Kinder. Vorher streiten sie aber noch über seinen Namen, die aufgebrachte Familie weiß nicht, ob Omega oder Otto besser zu ihm passt.

Nun sind die Kinder mit dem Hund endlich abgelenkt von Dummheiten, die sie in ihrem Alter anstellen könnten. Die zwei ältesten kommen schon in die Pubertät und nerven ihre Eltern mit den ständigen Gefühlsschwankungen. Mit dem Hund in der Familie sollen sie lernen, Verantwortung zu übernehmen und schnellstens aus der Pubertät herauszukommen – so die Überlegung der Eltern.

Anfangs läuft alles nach Plan, doch kurze Zeit später trügt das Bild von einem perfekten Hund. Omega sieht schlecht aus, sein Fell ist stumpf und er leidet bereits unter Hüftproblemen. Außerdem knabbert der Vierbeiner an allen Schuhen und Taschen, die er zwischen seine Zähne bekommt. Herr und Frau Neuhausen sind beunruhigt, Omegas Verhalten bereitet ihnen Sorgen. Er knurrt die Kinder an und verkriecht sich bei jedem noch so kleinen Laut in die hinterste Ecke des Hauses. Nur selten lässt sich Omega anfassen. Das Fußgehen klappt sowieso nie wirklich und von Ruhe und Gelassenheit fehlt jede Spur.

Die Familie glaubt, keine andere Wahl zu haben: Sie muss den Hund weggeben. Vielleicht wäre es mit einem Hamster besser gelaufen, denken sich die Eltern. Die Pubertät haben die Kids auch nicht besser überwunden. Der Größte leidet unter dem Boderlinesyndrom, das sie nur schwer in den Griff bekommen.

So beginnt ein neues Leben für Omega. Er kommt zu einem liebevollen alten Paar, das schon immer Hunde aus dem Tierheim gerettet hat. Doch obwohl Herr und Frau Hofer so erfahren mit Hunden sind, tun sich beide sehr schwer mit Omega. Er trinkt aus der Toilette, frisst jeden Dreck vom Boden und spielt nur mit Schuhen und den Hüten vom »Herrli«. Sie können ihn auch nur selten anfassen und ihm nicht in die Augen schauen, ohne dass er in Panik flüchtet.

Die Hofers lieben ihren neuen Hund und würden ihn nie wieder hergeben. Sie verstehen jedoch noch nicht, was in ihrem Vierbeiner vorgeht. Sie sind sich sicher, dass seine alte Familie einiges falsch gemacht hat. Sie fragen ihren Vierbeiner, was er denn braucht, damit es ihm besser geht. Der kleine Omega schaut kurz weg und winselt dabei leicht. Die Besitzer des erwachsenen Schäfers haben das Gefühl, neu und von vorne mit dem Vierbeiner beginnen zu müssen. Sie sind aber guter Hoffnung. Sie wollen wieder ihrer Intuition vertrauen und auf ihre innere Stimme hören. Was würde diese innere Stimme flüstern? Und was würde dieser Hund seinen Besitzern gerne sagen wollen?

*Ich hoffe zuversichtlich, im Himmel
meinem Hund wiederzubegegnen.*
(Otto von Bismarck)

Hunde sind natürliche Wesen. Der moderne Mensch hat sich hingegen schon lange von der Natur abgewendet. Stadtmenschen leben in einer Umgebung mit chemischen und schädlichen Giften. Wir haben das Gespür dafür verloren, wie viel Erholung wir wirklich brauchen und haben vergessen, wie wir uns sinnvoll beschäftigen können. Der Mensch kann sich meist einbilden, dass er damit glücklich ist. Der Hund nicht.

Verlieren wir den Kontakt zur Natur und damit zu unserer Natürlichkeit, laufen wir Gefahr, auf Menschen und Hersteller zu hören, die uns mit ihren Produkten mehr schaden als nutzen. Sie meinen es vielleicht nicht böse und wissen es selbst nicht besser. So entpuppen sich Super-Food-Hersteller, Kosmetikprodukte, Accessoires und andere moderne Trends für Hunde mehr als Prestigeschein als natürliches Sein. Dazu zählen beispielsweise Laufbänder für Hunderassen, die nie in ihrem Leben joggen würden, oder Kokos-Shampoos, die nichts Exotisches, dafür aber viel Künstliches an sich haben.

Hoch oben auf der Liste des Großstadtdschungels flattern Ernährungsregeln zur Tür herein, die auf Dauer gesehen krank machen und den Körper schwächen. Die Marketingabteilungen der Hersteller lassen ihrer Kreativität dabei freien Lauf, leider oftmals auf Kosten der Gesundheit von Mensch und Hund.

Hunde brauchen gesundes Fleisch. Was ist mit Gemüse?

Die Anatomie der Hunde verrät einiges über ihre natürliche Lebensweise: Ihr Gebiss hat scharfe Eckzähne, spitze Backenzähne und starke Reißzähne. Es kann sich nur auf- und abwärts bewegen. Beim Kamel hingegen, ein Wiederkäuer, sind die Zähne breit und flach und das Gebiss kann in jede Richtung bewegt werden, genau wie das des Menschen auch. Damit kann das Kamel Pflanzen pflücken, zerdrücken und kauen. Die Gebissstrukturen des Hundes sind hingegen für das Fangen, Halten und Tragen von Tieren geeignet. Seine Zähne können tief ins Fleisch eindringen und große Fleischstücke vom gefangenen Tier herausreißen. Diese werden sofort hinuntergeschlungen und ein weiteres Stück Fleisch abgerissen. Zum Kauen ist ihr Gebiss einfach nicht geeignet, die spitzen Zähne würden das eigene Zahnfleisch verletzen.

Die großen abgerissenen Fleischstücke gelangen mit einem Schluck in den Magen der Hunde. Dieser Magen ist einfach gebaut: ein runder Sack, gefüllt mit starker Salzsäure. Diese sehr aggressive Säure ermöglicht es, geschluckte Muskeln, Sehnen und sogar Teile von Knochen schnell zu zerlegen und an den Darm weiterzugeben. Auch Parasiten und schädliche Bakterien haben hier kaum eine Überlebenschance. Der Darm ist kurz und glatt, wodurch er Nährstoffe schnell aufnehmen und genauso rasch wieder ausscheiden kann.

Beim Pflanzenfresser läuft die Verdauung anders ab: Der Magen ist sehr komplex und besteht beispielsweise bei Kühen sogar aus mehreren Kammern. Dort garen die zerkauten Pflanzenteile so lange, bis die Zellwand aufgelöst ist und die Nährstoffe freigesetzt werden. Der Darm ist beinahe endlos und verschlungen, damit alle Mineralstoffe und Vitamine aus den Pflanzen aufgenommen werden können. Die Verdauung findet insgesamt sehr langsam statt.

Aufgrund der Anatomie gibt es also keine Zweifel: Hunde sind Fleischfresser und Schlinger. Unsere Haushunde sind allerdings keine reinen Wölfe mehr. Wölfe jagen alle möglichen Tiere, von Mäusen bis hin zu Hirschen, wenn sie im Rudel leben. Sie fressen von den Krallen bis zu den Organen das meiste auf. Verwilderte Haushunde ernähren sich hingegen sehr gerne von Müllabfällen, in denen manchmal auch Brot, Gemüse- und Obstreste zu finden sind. Die Jagd nach Wild kostet ihnen zu viel Energie und Kraft.

Haushunde scheinen sich über die Jahrtausende in Richtung Allesfresser entwickelt zu haben, wobei sie anatomisch gesehen dem Fleischfresser Wolf treu geblieben sind. Dies hat sicherlich damit zu tun, dass sie bei uns Menschen die Möglichkeit haben, mehr zu essen als nur Fleisch. Es fällt uns beim Kochen immer wieder etwas auf den Boden und bekanntlich lieben Hunde es, die Essensreste des Menschen zu verspeisen. Die Verdauung des Hundes passte sich über den Lauf von Jahrhunderten an das andere Futter (wie beispielsweise Obst, Gemüse und Gebäck) leicht an.

Strategie beim Jagen nach Futter

In der Natur müssen sich wilde Hunde und Wölfe gewaltig anstrengen, um an ihr Futter zu kommen. Haben sie die Absicht, ein Reh zu fangen, brauchen sie eine komplexe Strategie. Zuerst muss die Spur eines Rehs gefunden werden, hierzu kommt meistens der hervorragende Geruchssinn der Caniden ins Spiel. Sie schnüffeln am Boden nach Spuren von Rehen und folgen ihnen. Wölfe können einer Spur tagelang folgen, bis sie endlich die Rehe erreichen. Hierbei werden große Distanzen zurückgelegt, meistens im gemütlichen Trab. Der Körper der Wölfe ist für diesen ausdauernden Trab gebaut: leicht, schmal, mit langen dünnen Beinen, die den Körper mühelos nach vorne schleudern.

Können die Wölfe das Reh erblicken oder sind sie so nah, dass ihr Geruch stark in der Luft hängt, ist die Arbeit längst nicht getan. Dann gilt es, sich langsam heranzuschleichen, ohne bemerkt zu werden, und natürlich festzulegen, wie das flüchtige und schnelle Reh gefangen wird. Die Wölfe müssen das strategisch angehen. Eine erfolgreiche Strategie ist es beispielsweise, das Reh müde zu laufen. Abwechselnd sprinten die Wölfe dem Reh hinterher, hetzen es, bis es seine Kräfte verliert und erst kurz vor der Erschöpfung wird es erlegt.

Doch wann soll das Reh zu Fall gebracht werden? Zu früh ist es gefährlich, denn ein Reh hat starke Beine, mit denen es einen Wolf verletzen kann. Erst wenn das Reh erschöpft ist und sich nicht mehr wehren kann, greifen die Wölfe an. Sie sprinten mit aller Geschwindigkeit auf das Reh zu, fangen es an den Beinen oder springen ihm auf den Rücken, damit es fällt und stirbt. Leider geschieht dies nicht immer mit einem schnellen Nackenbiss, dafür sind die Zähne der Wölfe etwas kurz.

Ist das Reh gefangen, beginnt das Rudel sich von seinem Körper zu ernähren. Am begehrtesten ist der Magen samt Inhalt, die Innereien und Muskeln kommen später dran. Harte Sehnen, das Fell und die Knochen sind die Überreste, diese können leicht zum Bau transportiert oder begraben werden, als Vorrat für schlechte Zeiten oder als kleine Snacks zwischendurch. Ihr Verzehr fördert zusätzlich die Reinigung der Zähne und des Verdauungstraktes.

Nach solch einer anstrengenden Jagd, die Tage dauern kann, haben sich die Wölfe Erholung verdient. Sie sind nun so vollgefressen, dass sie einige Tage lang nichts mehr jagen müssen. Sie ernähren sich von den Resten, spielen etwas, pflegen Sozialkontakte und schlafen die meiste Zeit.

Bei kleineren Beuten, wie Mäusen oder Hasen, verläuft die Jagd anders: Die Wölfe treffen eher zufällig auf das Tier, rennen kurz hinterher und entweder das Tier entgeht ihnen (z. B. wenn es in seinen Bau läuft) oder sie fangen es.

So eine Jagd läuft viel spontaner und schneller ab als die Großwildjagd. Die Augen sind hier wichtiger als der Einsatz der Nase. Verwilderte Hunde ernähren sich oft von solch kleinen Nagetieren, weil sie diese auch alleine, ohne ein Rudel, jagen können. Der Nachteil ist, dass es an einer Maus nicht viel zu nagen gibt. Der Hunger macht sich bald wieder bemerkbar und der Hund muss erneut auf die Jagd gehen, lange Schlafpausen gibt es für ihn daher nicht. Deswegen haben einsame und verwilderte Hunde eine andere Strategie entwickelt, sie ernähren sich von Abfall. In vielen Großstädten leben verwilderte Hunde. Sie sehen sogar oft gesünder aus als jene, die in der Wildnis leben. Der Grund dafür ist, dass der Mensch enorm viel Essen wegwirft, das der Hund verdauen kann, außerdem ist diese Ernährung sehr abwechslungsreich. Ihr eigener Hund zu Hause hat es womöglich noch einfacher, er bekommt jeden Tag fertiges Futter vor die Nase gestellt. Er könnte sich glücklich schätzen.

Was heißt das nun konkret für Sie und Ihren Hund? Wie können Sie in Ihrer Wohnung die biologischen Grundbedürfnisse eines Hundes erfüllen, der nicht mehr auf die Jagd zu gehen braucht?

Ihr Hund ist ein Fleischfresser! Durch das Zusammenleben mit dem Menschen hat er sich etwas in Richtung Allesfresser entwickelt, doch sind seine Organe immer noch auf den Konsum von Fleisch ausgerichtet. Das heißt im Klartext: Ihr Hund braucht Fleisch! Nur mit einer gesunden Ernährung kann ein Hund auch gesund leben. Futter ist der Kraftstoff seiner Zellen, nur wenn dieser Kraftstoff rein und an den Hund angepasst ist, kann dieser als Organismus »funktionieren«. Denken Sie an Ihr Auto: Ein Dieselauto kann nicht mit Benzin fahren und wenn einmal Dreck in den Tank kommt, kommen Sie nicht mehr weiter. Damit es funktioniert, braucht es den richtigen Kraftstoff, am besten in sehr guter Qualität. Genauso ist es bei Ihrem Hund, er braucht das, wofür sein Körper gemacht ist.

Der Körper des Hundes und sein Verdauungsapparat sind für den Verzehr von rohem, gesundem, gutem und natürlichem Fleisch am besten geeignet. Zusätzlich zum Fleisch müssen Sie ihm aber auch eine Alternative, quasi als Ersatz für den Mageninhalt der gerissenen Beute, anbieten. Dafür eignet sich gekochtes, püriertes und mit Öl gemischtes Obst und Gemüse. Denn was findet man im Verdauungstrakt der Pflanzenfresser, die ein Hund in der Natur verspeisen würde? Vorverdaute Pflanzenteile! Außerdem ist es wichtig, dass Sie Ihren Hund abwechslungsreich füttern, mal Rind, mal Huhn, mal Fisch, mal Innereien, mal Muskelfleisch und auch Knochen, Knorpel und Kräuter dürfen in der Hundeernährung nicht fehlen. Nur so kann er alle Nährstoffe bekommen, die er braucht, um gesund zu leben.

Die folgende Grafik verdeutlicht, dass das Futter eines Hundes zu maximal 75% aus tierischen und zu mindestens 25% aus pflanzlichen Bestandteilen zusammengestellt sein soll. Bei tierischen Produkten greifen Sie überwiegend auf Pansen, Blättermagen und Muskelfleisch zurück. Bei pflanzlichen verwenden Sie größtenteils Gemüse, gute Öle und Fette sowie ein wenig Obst. Auch Kräuter dürfen auf keinen Fall im Futternapf fehlen. Frische Kräuter enthalten sehr viele Vitamine, Mineralstoffe und Spurenelemente sowie Chlorophyll – auch bekannt als Speicher reiner Sonnenenergie.

Verzichten Sie ab nun bei einer gesunden Fütterung Ihres Hundes auf:

- chemisches Trocken- oder Nassfutter, angereichert mit künstlichen Konservierungsmitteln und Lockstoffen
- Getreidesorten, da sie Allergien auslösen können (verdaulich ist gelegentlich hartes Brot und gut durchgekochter Reis)

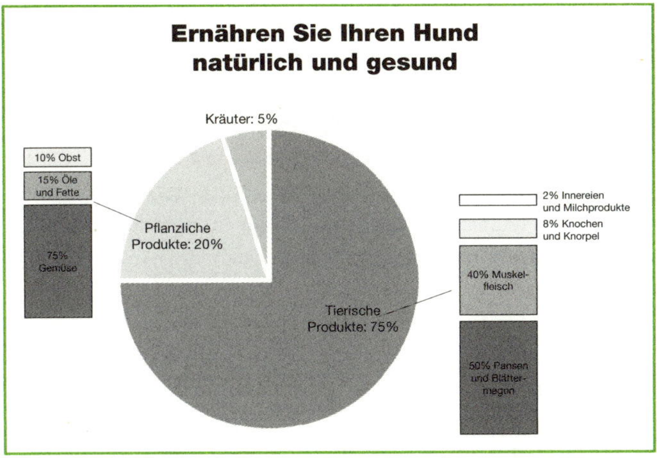

Zusammensetzung einer gesunden Hundeernährung

- Nachtschattengewächse wie rohe Kartoffeln, Auberginen sowie Bohnen, Avocados, Obstkerne und rohes Schweinefleisch
- Schokolade, Zucker, Salz, Gewürze und Pfeffer

Achten Sie stattdessen bei einer gesunden Fütterung auf:
- hochwertige Öle und Fette von Olive, Fisch und Leinsamen
- ausgewogene, abwechslungsreiche und schonend zubereitete Inhaltsstoffe
- die durchgehende Verfügbarkeit von reinem und stillem Wasser zum Trinken
- das Gefühl, das Sie Ihrem Hund beim Fressen vermitteln

Besitzer sollten sich im Klaren darüber sein, dass es wichtig ist, was sie ihrem Hund füttern, mindestens genauso wesentlich ist jedoch auch das »Wie«. Hunde reagieren äußerst sensibel auf die Ausstrahlung des Besitzers, bereitet er das Futter mit Liebe und Lust vor, wird der Hund das merken. Diese Nahrung macht ihn noch vitaler und gesünder. Liebe ist ansteckend und geht bekanntlich durch den Magen. Achten Sie daher darauf, dass Sie selbst ruhig und entspannt sind, wenn Sie das Futter zubereiten. Für einige Hunde kann es nämlich wichtig sein, dass sie beim Fressen keine Hektik und Ablenkung haben.

Die Ernährungslüge der Hundefutterindustrie

Die großen Fertigfutterfirmen investieren mehr in Werbung und Marketing als in ihr Futter. Sie sponsern Tierärzte, Hundeschulen, Züchter und sogar Vorlesungen über Ernährung auf den veterinärmedizinischen Universitäten und verkaufen überteuertes Trockenfutter mit künstlich angereicherten Mineralien, Vitaminen, Lockstoffen, Konservierungsstoffen, Geschmacksverstärkern und sogar Hormonen. Immer mehr Hunde leiden an Krebs, Gelenks- sowie Herz-Kreislaufproblemen, Hautirritationen, Futterunverträglichkeiten und sogar Diabetes. Seitdem der Mensch Fertignahrung zu sich nimmt, leidet er vermehrt an den gleichen Symptomen. Erschreckend, oder? Gleichzeitig bieten die Futtermittelhersteller die entsprechenden Produkte gegen diese Hundekrankheiten, die sie mit ihrer eigenen Nahrung verursachen: Futter für Allergiker, gegen Durchfall, bei schwachen Nieren und schlechtem Fell, gegen Fettleibigkeit und Untergewicht, bei Gelenksproblemen usw. – ein doppeltes Geschäft.

Wenn Sie auf Fertigfutter nicht verzichten wollen, sehen Sie sich nach alternativen Herstellern um, die biologisches und natürliches Futter ohne Reis, Weizen, Getreide, Lockstoffe und künstliche Inhaltsstoffe anbieten. Diese werden Sie auch vermehrt vorfinden. Greifen Sie nicht unbedingt zu bekannten Marken, sondern spüren Sie selbst, welches Futter Ihren Hund stärkt, vitalisiert und gesund erhält.

Praxistipp

Probieren Sie dabei Folgendes aus:

1. Halten Sie das Futter, das Sie Ihrem Hund geben wollen, in Ihren Händen auf der Höhe Ihres Brustbereichs und atmen Sie mehrmals tief ein und aus.
2. Blicken Sie auf Ihr Herz und stellen Sie sich vor, dass Ihre folgende Frage auch dorthin geht.
3. Fragen Sie nun: »Fördert dieses Futter die Gesundheit und Vitalität meines Hundes?«
4. Atmen Sie weiter ein und aus und warten Sie ab, welches Gefühl kommt. Haben Sie ein gutes oder ein mulmiges Gefühl?
5. Beobachten Sie auch Ihren Hund dabei, wenn er frisst. Haben Sie den Eindruck, dass ihm dieses Futter Kraft und Lebensenergie schenkt?
6. Vertrauen Sie Ihrer Intuition und entscheiden Sie sich für das Futter, das Ihnen und Ihrem Hund mehr Kraft und Vitalität schenkt.

Mit dieser Energie muss Ihr Hund nun etwas anfangen können und dürfen. Sie muss ausgetobt und konstruktiv gelenkt werden. Bewegung ist die Voraussetzung dafür. Bewegung ist Leben.

Hunde brauchen Bewegung – aber welche hält gesund und vital?

Die Ahnen unserer Hunde folgten ihrer Beute über mehrere Tage hinweg, bis sie diese endlich erlegen konnten. Als Lauftier braucht Ihr Hund diese Form der Bewegung immer noch. Lange Spaziergänge von einigen Stunden täglich machen Ihren Hund glücklich. Das ideale Tempo dafür ist gemütlicher Trab. Natürlich müssen Sie auf das Alter, die Rasse und die Anatomie Ihres Hundes eingehen. Mit einem kurzbeinigen Mops sollten Sie kürzer und auch langsamer spazieren gehen als mit einem vitalen Magyar Vizsla. Hin und wieder wirken einige Sprints für den Hund angenehm und belebend. Große Wiesen eignen sich besonders für solch schnelle Rennen. Im Wald, im Gebüsch können Hunde sich verletzen, insbesondere Windhunde mit ihren zarten Beinen und ihrer dünnen Haut haben es nicht einfach. Freie offene Felder oder Wiesen sind daher sicherer.

Umseitig finden Sie einen Überblick, welche Bewegung Hunde glücklich macht. Bewegung ist Leben und Ihr Hund ist ein lebendiges Leben. Achten Sie darauf, dass Sie ihm die richtige Bewegung schenken. Spüren Sie dabei, welche Art der Bewegung Ihrem Hund die größte Freude bereitet.

Haben Sie einen Hund, der gerne rennt, so können Sie mit ihm Joggen gehen – das ist ein ideales Lauftempo für große leichte Hunde. Hier gilt genau das gleiche wie für Sie: vorher aufwärmen und danach abkühlen. So schonen Sie die Gelenke Ihres Hundes und ermöglichen es ihm, Sie viele Jahre beim Joggen begleiten zu können. Viele Hunde lieben es auch, dem Rad hinterherzulaufen. Achten Sie dabei darauf, dass Sie nicht zu schnell fahren, dass der Hund immer wieder Pausen hat und trinken kann und vor allem, dass er die Möglichkeit hat, auf weichem Boden zu gehen. Asphalt ist nicht toll für die Pfoten der Hunde. Ihr Hund würde lei-

Spaziergang	lang und schnell	Dackel, Schweißhund, Schlittenhund, Beagle, die meisten Terrier
	lang und langsam	Chihuahua, Yorkshireterrier, Bichon, französische Bulldogge und andere kleine Hunderassen
	kurz und schnell	Windhund
	kurz und langsam	Mops, schwere Hunde wie Bernhardiner
Laufen/ Joggen/ Radfahren	Schäferhund, Bracke, Setter, Magyar Vizsla, Rhodesian Ridgeback. Achtung: Dafür müssen die Hunde körperlich völlig gesund sein!	
Schwimmen	Cockerspaniel, Pudel, Labrador, Retriever	

der trotz Schmerz oder Müdigkeit mit Ihnen weiterlaufen. Eine Urangst von Hunden ist nämlich jene, von ihrem Rudel beziehungsweise dem Besitzer verlassen zu werden. Sie würden daher alles tun, um mit Ihnen Schritt zu halten, egal wie erschöpft und fertig sie sind. Es liegt also an Ihnen, auf Ihren Hund zu achten.

Bevor Sie ein neues Fitnessprogramm für Ihren Vierbeiner zusammenstellen, vergessen Sie nicht, Ihre Spaziergänge mit ihm qualitativ und bewusst zu gestalten. Sehen Sie Ihre täglichen Spaziergänge nicht mehr als Routine, sondern als Bereicherung, bei der es immer etwas Neues zu entdecken gibt.

Praxistipp

- Wenn Sie Zeit mit Ihrem Hund verbringen, dann bleiben Sie auch mit Ihren Gedanken bei ihm. Denken Sie nicht an den vollen Terminkalender im Büro.
- Gönnen Sie sich die Zeit und die Momente mit Ihrem Hund. Nehmen Sie sich jeden Tag vor, schöne Gefühle und Eindrücke beim Spazieren mit Ihrem Hund zu erleben.
- Machen Sie Ihrem Hund deutlich, dass Sie jetzt für ihn da sind. Sehen Sie den Spaziergang nicht als »Muss«, sondern als meditative Begegnung mit Ihrem Hund.
- Auch wenn es die gleiche Strecke ist, achten Sie genau darauf, ob Sie nicht etwas Neues für Ihr Auge entdecken.

Idealerweise sieht ein Spaziergang mit Ihrem Hund so aus:

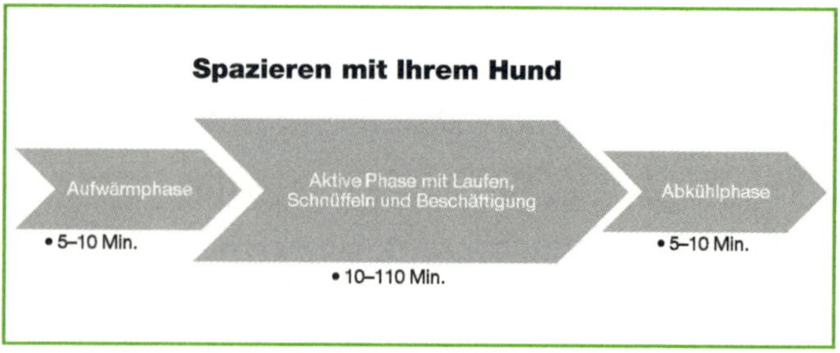

Die 3 Phasen beim Spazieren

Achten Sie beim Spaziergang auch auf die Temperatur. Die meisten Hunde vertragen Hitze sehr schlecht, nur Windhunde, Chihuahuas und noch einige andere Rassen lieben die Hitze und können bei 30 Grad in der prallen Sonne liegen. Hunde können ihren Körper nicht so leicht abkühlen wie wir Menschen. Sie schwitzen nicht, was für Fleischfresser typisch ist. Sie können Hitze nur über ihre Zunge und über ihre Pfoten verlieren – das reicht bei hohen Temperaturen oft nicht aus. Vermeiden Sie daher Spaziergänge in der heißen Mittagssonne und ermöglichen Sie den Zugang zu Wasser, in dem sich Hunde gerne abkühlen.

Praxistipp

So machen Sie Ihren Hund fit!

- Wärmen Sie Ihren Hund vor anstrengender Bewegung auf und kühlen Sie ihn danach ab. Es nimmt nur einige Minuten Zeit in Anspruch und beugt vielen unnötigen Gelenks- und Muskelproblemen vor, die viel Zeit und Geld kosten.
- Halten Sie Ihren Hund schlank. Seine Gelenke halten nicht viel Gewicht aus. Die Gelenke übergewichtiger Hunden leiden extrem und nutzen sich schneller ab. Hüftprobleme, Arthrose und sogar Bandscheibenvorfälle können Sie so vermeiden.
- Machen Sie bei anstrengenden Spaziergängen immer wieder Pausen, damit Ihr Hund sich im Schatten hinlegen kann und bieten Sie ihm Wasser zum Trinken und Baden an. Hunde haben kein Interesse an Ausdauertraining, sondern lieben den Spaß und die freie Bewegung.

- Bei starkem Regen oder Schnee beschützen Sie Ihren empfindlichen Hund vor dem Unwetter. So wird er den Spaß am Spaziergang nicht verlieren und gesund nach Hause kommen.
- Kontrollieren Sie regelmäßig die Pfoten Ihres Hundes. Sind die Ballen immer noch schön weich und ohne Verletzung? Sind die Krallen kurz genug und stören nicht beim Gehen? Ist die Haut zwischen den Zehen rein von Parasiten und kleinen Verletzungen?
- Sobald Sie das Gefühl haben, dass etwas mit dem Bewegungsapparat Ihres Hundes nicht passt, gehen Sie zum Physiotherapeuten. Vielleicht handelt es sich um einen Wirbel, der verschoben ist und wieder in die richtige Position gedrückt werden muss oder ein Muskel ist verspannt und muss mit einer Massage gelockert werden. Tierärzte sind selten die richtigen Ansprechpartner dafür. Sie greifen zu oft auf Schmerzmittel zurück, die jedoch die Symptome nur überdecken. Teure Röntgenbilder zeigen lediglich, ob die Knochen in Ordnung sind, allerdings nicht den Zustand der Muskeln und Sehnen.

Hunde brauchen Beschäftigung – aber welche hält geistig fit?

In der freien Wildbahn sind Hunde oder Wölfe – wie alle Tiere – damit beschäftigt, etwas Essbares zu finden. Rehe schlafen nicht hinter jedem Baum und lassen sich auch nicht so leicht fangen. Wölfe müssen oft stundenlang Fährten folgen, bis sie endlich auf ein Reh stoßen. Das Suchen, Folgen, Fangen und Töten kostet viel Energie, Zeit und auch Kopfarbeit. Wölfe bleiben dabei hoch konzentriert, um auf der Fährte zu bleiben. Sie müssen darauf Acht geben, nicht zu laut zu sein, damit die Rehe sie nicht hören. Sie denken sich neue Strategien aus, wie sie das Reh fangen und töten können. Diese Strategie wird der Beute, dem Wetter, der Bodenbeschaffenheit, der Kraft des eigenen Körpers und auch den restlichen Rudelmitgliedern angepasst – eine äußerst anstrengende Kopfarbeit für Wölfe.

Unsere Hunde müssen keine Beutetiere jagen. Diese Sorgen haben sie nicht, denn ihr Futter wird ihnen täglich vor die Nase gestellt. Sie haben also stets viel Energie zur Verfügung, die sie ansonsten fürs Jagen benötigen würden. Nur Bewegung reicht daher nicht aus, um diese Energie richtig zu verwerten. Wenn diese Energie nicht konstruktiv genutzt wird, treten höchstwahrscheinlich rasch Verhaltensauffälligkeiten wie extremes Bellen, eine Ballfixierung oder unerklärliche Aggression auf. Das heißt, die Energie des Hundes gehört in neue konstruktive Bahnen gelenkt. Spätestens jetzt ist es wichtig, Ihrem Hund neben der täglichen Bewegung eine sinnvolle Beschäftigung zu bieten, damit er seine Energie gesund und sinnvoll verwerten kann. Ideal ist bis zu einer Stunde Beschäftigung pro Tag, damit das Gehirn ausreichend ge- aber nicht überfordert wird.

Doch wie beschäftigt man Hunde am besten? Das ist vom Charakter Ihres Hundes abhängig. Achten Sie vielleicht darauf, womit Sie sich selbst gerne beschäftigen. Tun Sie auch das, was Ihnen Spaß macht, denn diese Freude spürt Ihr Hund zeitgleich. Finden Sie neue und kreative Beschäftigungsmöglichkeiten mit Ihrem Hund. Die Rassezugehörigkeit kann Ihnen einige Ideenimpulse geben. In der umseitigen Tabelle finden Sie eine übersichtliche Zusammenstellung unserer Tipps.

Nachdem der Wolf zum Hund geworden ist und gerne mit dem Menschen zusammenlebte, kam schnell der Wunsch auf, Hunde viel gezielter an das Menschenleben anzupassen. Mit der methodischen Zucht von Rassehunden hat man jahrelang versucht, Charaktereigenschaften zu festigen. Einige wollten eher selbstständige Hunde, wie die Windhunde, andere mehr soziale Begleithunde, die immer beim Besitzer bleiben wollen, wie zum Beispiel den Mops. Einige wünschten sich selbstsichere Hunde, die sich trauen, in den Bau eines Fuchses zu laufen und diesen zu verbellen, das sind die Terrier. Andere wollten höchst gehorsame Hunde, die Viehherden genau dorthin treiben, wo sie sie brauchen, genannt Border Collies. So entstanden mit den Jahrhunderten zahlreiche Hunderassen, die sich nicht nur vom Aussehen, sondern auch vom Wesen her unterscheiden.

Neben diesen rassespezifischen Verhaltensmustern hat auch jeder Hund einen ganz eigenen Charakter, mit dem er auf die Welt kommt. Schon im ganz jungen Alter sieht man Unterschiede zwischen Geschwistern desselben Wurfes, der eine ist dauernd aufgekratzt, der andere völlig entspannt. Der eine liebt Kinder über alles, der andere hält sich eher fern von allem, was jünger als zehn Jahre ist. Der eine bewacht das Haus vom ersten Tag an, der andere bleibt cool liegen und hebt kaum den Kopf, wenn sich jemand nähert. Diese Unterschiede gibt es, obwohl alle vom gleichen Wurf sind und der gleichen Rasse angehören. Wir müssen daher auch den individuellen Charakter unseres Hundes erkennen

Rasse/Typus	Zuchtgrund	Rassecharakter	sinnvolle Beschäftigung	Verhaltens-probleme	Trainingstipps
Hüte-, Hirten- und Treibhunde	Treiben bzw. Beschützen von Schaf- oder Rinderherden	Fremden gegenüber zurückhaltend, verteidigend, sehr intelligent und feinfühlig	Hüten von Tieren, Intelligenzspiele und Tricks, Longieren, Distanztraining	»in die Wade beißen«, Unverträglichkeit, Hüten von Radfahrern, Autos, Personen	Aufgaben geben und richtig beschäftigen!
Pinscher, Schnauzer,	Stallhunde, Ratten- und Mäusefänger	nervenfest, robust, wachsam, relativ selbstständig	Nasenarbeit, Tricks, Entdeckungsspaziergänge	auffordernd, viel Bellen, Streunen bei kleinen Grundstücken.	Beibringen, vom Boden nichts zu essen!
Molosser, Berghunde	Großwildjagd, Kriegshund, Beschützer	stark, mutig, treu, geben nicht auf, empfindsam	Beim Besitzer liegen und bewachen, Entspannung, kurze Spaziergänge und ein wenig Nasenarbeit, Kraftarbeit	Beschützerinstinkt wird unkontrollierbar bei fehlender Sozialisierung	Beibringen, mit Kindern und kleinen Hund achtsam umzugehen

Rasse/Typus	Zuchtgrund	Rassecharakter	sinnvolle Beschäftigung	Verhaltens-probleme	Trainingstipps
Terrier	Selbstständige Jagd	robust, lebhaft, selbstsicher, intelligent, selbstständig	Nasenarbeit und Mantrailing, Tricks und Agility, lange Spaziergänge	Verbellen, Schnappen, Territorial, Stereotypien, Selbstverstümmelung	Graben und suchen ermöglichen!
Dachshunde/ Dackel	freche Bau-Jagdhunde	eigenständig, lustig, lebensfroh	Nasenarbeit, Intelligenzspiele, Zeit mit Besitzern	unverträglich, Verbellen, Schnappen	Den Jagdtrieb schonend abtrainieren
Spitze und Hunde vom Urtyp	Halten Umgebung frei von Eindringlingen, dürfen keine Last sein	Selbstgenügend, unabhängig vom Menschen, gute Jäger mit Tötungstrieb	viel Bewegung, Radfahren und Inlineskaten, Nasenarbeit, Zughundesport (Urtyp)	Starker Eigenwille, für den Hundeführer herausfordernd	Üben Sie intensiven Freilauf!

Rasse/Typus	Zuchtgrund	Rassecharakter	sinnvolle Beschäftigung	Verhaltens-probleme	Trainingstipps
Jagdhunde generell	unterstützen Jäger bei ihrer Arbeit	zugänglich, freudig, lebhaft, arbeitswillig	Nasenarbeit, lange Spaziergänge	Gefahr von unkontrolliertem Jagen	Den Jagdtrieb schonend abtrainieren (großer Aktionsradius)
Jagdhunde – Vorstehhunde	Aufsuchen von Wild		Entdeckungsspaziergänge		Schauen Sie, dass sie in Ihrer Nähe bleiben
Jagdhunde – Apportierhunde	bringen geschossenes Wild zurück		Spielzeuge bringen, Objekte tragen, Spurensuche		Haben von den Jagdhunden noch den schwächsten Jagdtrieb
Jagdhunde – Schweißhunde	folgen der Blutspur von geschossenem Wild		Fährtenarbeit/Mantrailing		Ideale Spurenhunde für die Rettung
Jagdhunde – Laufhunde	Hetzen von Wild, in der Meute oder alleine		Lange Spaziergänge, Fährtenarbeit		Haben Sie Geduld und lernen Sie warten

Rasse/Typus	Zuchtgrund	Rassecharakter	sinnvolle Beschäftigung	Verhaltensprobleme	Trainingstipps
Windhunde	Sichtjäger	selbstständig, reserviert, geheimnisvoll, sehr sensibel	Sprinten (kein Ausdauertraining)	verschließen sich der Außenwelt	Das wichtigste Kommando: Rückruf mit Pfiff
Begleithunde	Genereller Begleiter	aufmerksamkeitsfordernd, starker Charakter, nervenstark, lebendig, lebensfroh	Tricks, Nasenarbeit, Intelligenzspiele, Streicheln, Körperkontakt, dabei sein	Eifersucht, exzessives Bellen, Schnappen	Geben Sie ihm viel Menschennähe und direkten Körperkontakt

und sogar fördern, anstatt pauschalen Regeln aus Büchern und von Trainern zu folgen.

Hunde brauchen Ruhe und Rückzug – aber welche Erholung tut gut?

Sie haben bisher erfahren, wie Sie Ihren Hund einige Stunden am Tag beschäftigen. Was machen Sie nun die restlichen 18 bis 20 Stunden mit ihm? Ihn ausruhen lassen! Alle Fleischfresser verschlafen die meiste Zeit des Tages. Sehen Sie sich Katzen oder auch Löwen, Leoparden und sogar Greifvögel an! Alle sind Fleischfresser, alle schlafen und schlafen und schlafen. Erst dann, wenn sie Hunger haben oder ein Bekannter spielen will, wachen sie auf und bewegen sich.

Ideal ist es, wenn Sie Ihrem Hund einen fixen Schlaf- und Ruheplatz bereitstellen, zum Beispiel eine Decke oder ein Kissen. Liegt er dort, wird er nie gestört. Das heißt, er wird nicht gerufen, nicht angefasst und auch nicht angeschaut. Das ist sein Rückzugsort, dort kann sich Ihr Hund den Schlaf und die Ruhe gönnen, die er für sich benötigt. Kommt er zu Ihnen auf die Couch, können Sie ihn selbstverständlich streicheln. Geht er dann aber auf sein Kissen zurück, will er absolute Ruhe, die es zu respektieren gilt.

Hunde, die aus schlechter Hand oder von Tötungsstationen kommen, brauchen in den ersten Wochen in der neuen Familie extrem viel Ruhe. Der aufgestaute Stress muss verarbeitet werden und das geschieht nicht von heute auf morgen. Die Stresshormone Adrenalin (Kurzzeit-Stress) und Cortisol (Langzeit-Stress) versetzen den Hund in Alarmbereitschaft, das zeigt sich je nach Situation in einem Verhalten das von Unsicherheit, Flucht oder Kampf geprägt ist. Das einzige, das hier wirklich hilft, um Hormone auch abzubauen, ist Ruhe. Es braucht einige Tage oder Wochen bis Hormone vollkommen abgebaut werden und alle Organe sich entspannen können.

Ruhe zur Regeneration von Körper und Geist

In der Ruhephase regenerieren sich Knochen und Sehnen, die Verdauung wird aktiviert, die Lungen reinigen sich und das Fell kann nachwachsen. Das Hirn verarbeitet die Informationen des Tages und ordnet die Gedanken und Gefühle. Körper und Geist können sich jetzt erholen und sammeln neue Energie.

Verwechseln Sie Ruhe nicht mit Tiefschlaf. In der Ruhephase fordert niemand Ihren Hund zum Spielen, Laufen oder Beschützen auf. Der Hund achtet auf die Bedürfnisse seines Körpers und bleibt liegen, entspannt sich oder kaut.

Fangen Sie mit dieser Ruhedisziplin bereits bei Ihrem Welpen an. Beschäftigen Sie sich nicht ständig mit dem Welpen, sondern geben Sie ihm die Möglichkeit, sich zu entspannen. Mit der Zeit verschwinden dann in der Regel auch erste Stresssymptome, wie Hyperaktivität und Unruhe.

Viele Hunde können sich beim Kauen wunderbar entspannen, denn dabei entsteht das Glückshormon Serotonin, das Körper und Geist entspannen lässt. Suchen Sie daher Kausachen aus, an denen Ihr Hund länger als eine halbe Stunde knabbern kann. Beim Kauen entspannt sich durch die Bewegung des Mundes der Geist Ihres Vierbeiners, außerdem werden gleichzeitig seine Zähne gereinigt. Bei echten Knochen nimmt der Hund zudem auch natürliche Mineralien zu sich. Greifen Sie ruhig zu natürlichen Kausachen wie Rinderohren, Ochsenziemern und echten Knochen und verzichten Sie besser auf chemische Kaustangen mit Enzymen, auf die viele Hunde sogar allergisch reagieren.

Praxistipp

Wollen Sie einen aufgedrehten oder unruhigen Hund wieder zur Ruhe bringen, müssen Sie zuerst damit beginnen, selbst zum Ruhepol zu werden. Dabei kann Ihnen die folgende Anleitung behilflich sein.

- Schauen Sie auf sich selbst und stellen Sie fest, ob Sie aufgebracht oder ruhig sind.
- Meistens sind es Gedanken oder Gefühle, die Unruhe bringen. Diese werden schwächer, wenn Sie beginnen, langsamer und tiefer ein- und auszuatmen.
- Atmen Sie zuerst in den Brustbereich ein und aus, dann weiter bis in den Bauchbereich und stellen Sie sich vor, wie die Atemluft bis in Ihre Füße strömt. Zählen Sie bei jedem Einatmen von 1–5 und bei jedem Ausatmen von 5–1 zurück.
- Haben Sie die Ursache für Ihre Unruhe erkannt, bestehen Sie darauf, diese auch mit Ruhe und ohne Hektik lösen zu wollen.
- Machen Sie diese Übung täglich oder bei Bedarf für einige Minuten. Achten Sie darauf, wie Ihr Hund gleichzeitig ruhiger wird.

Hunde brauchen Pflege – aber welche entspricht seiner Natur?

Neben dem gesunden Futter, der artgerechten Bewegung, der rassespezifischen Beschäftigung und den Ruhephasen braucht Ihr Hund auch gezielte Pflege. Für viele Hunde reicht es, wenn diese ab und an einer Wurmkur unterzogen werden und das Fell regelmäßig nach Zecken durchsucht wird. Andere brauchen mehr Pflege: Das Fell gehört gebürstet oder geschnitten, die Haare müssen aus den Ohren gezupft werden, die Ohren regelmäßig gereinigt, die Krallen gekürzt und vielleicht sogar die Haut eingeschmiert werden. Viele Rassen haben keine Unterwolle und können sich somit wenig gegen Kälte und Nässe schützen. Diese Hunde brauchen unbedingt einen Mantel, der sie vor kaltem und nassem Wetter schützt.

Achten Sie bei der Auswahl der Pflegemittel weniger auf einen bekannten Markennamen, sondern mehr auf die biologische und ökologische Herstellung und verwenden Sie Produkte, die nicht mit Chemikalien, Schadstoffen, künstlichen Konservierungs- und Duftstoffen angereichert sind. Reine Naturkosmetikprodukte enthalten Inhaltsstoffe, die stärken, aktivieren, pflegen und gleichzeitig schön machen.

Ihr Hund freut sich nun über einen gesunden und vitalen Körper, mit dem er seine, aber auch die Welt des Menschen erforschen kann. Achten Sie bei allen Regeln, die Sie anwenden mehr darauf, wie es sich anfühlt. Bringen diese mehr Klarheit, Freude und Liebe ins Haus? Fühlen Sie und Ihr Hund sich dabei gut und ausgeglichen? Fühlt sich Ihr Hund in guten Händen aufgehoben? Was können Sie tun, damit Ihr Hund mehr an Sicherheit und Vertrauen gewinnt?

Im nächsten Abschnitt erhalten Sie mehr Einblick in die psychologischen Bedürfnisse unserer Vierbeiner, deren Erfüllung Ihrem Hund noch mehr Klarheit und Vertrauen in die Welt des Menschen schenken.

III. DIE PSYCHOLOGISCHEN BEDÜRFNISSE ERFÜLLEN

Hunde natürlich führen und ihr Verhalten richtig deuten

Der vertrauenswürdige Dogsitter Simon betreut gerade in bester Laune eine gut erzogene argentinische Dogge. Die beiden sind ein eingespieltes Team und marschieren zu ihrem gewohnten Ort hinter der grünen Allee am Stadtrand. Dort kann die liebenswürdige Sara toben und mit anderen Hunden spielen. Simon liebt seinen Job und ist dankbar dafür, dass er so erfolgreich in die Selbstständigkeit starten konnte. Am Platz angekommen packt Simon ein Fischlerckerli aus und gibt es seiner Hündin, die bisher alles brav und richtig gemacht hat.

Simon malt sich aus, wie es wäre, eines Tages eine richtige Dogsitter-Agentur zu führen. Seine Kunden sprechen bereits davon, dass Hunde bei ihm in guten Händen sind. Soll er sich vielleicht schon nach neuen Mitarbeitern umsehen oder doch lieber zuerst alles alleine aufziehen? Als Sara plötzlich laut zu winseln beginnt, vergisst der Dogsitter seine Pläne, auf dem Rücken der argentinischen Dogge hängt ein anderer Hund, der sich alles andere als nett ver-

hält. Es sieht nicht nach einem Spiel aus und Sara versucht den Golden Retriever immer wieder von sich wegzubringen. Simon reagiert völlig geschockt und fühlt sich im ersten Moment nicht imstande, einzugreifen.

Von weit weg hört er eine herannahende, kreischende Stimme: »Der tut nichts, er will nur spielen«, beteuert ein reiferer Herr mit einem weißen Vollbart. Simon sieht hingegen lauter Bilder in seinem Kopf, die eine Auflösung seines jungen Unternehmens ankündigen. Der Dogsitter kann sich keinen rufschädigenden Zwischenfall leisten, vor allem jetzt in der Aufbauphase nicht. »Rufen Sie Ihren Hund sofort zurück«, ertönt die zittrige Stimme des Jungunternehmers. Doch der Besitzer des Goldies besteht darauf, seinen Hund voll im Griff zu haben. Ein zweites Mal ertönt ein: »Aber der tut ja nix.« Doch Simon kann nicht mehr zusehen. Sara knurrt und winselt gleichzeitig, sie scheint völlig überfordert zu sein. Der Goldie will sie ständig besteigen, sabbert ihr den Rücken voll und versucht sogar, sie mit den Zähnen am Hals festzuhalten. Sara versucht alles, um ihn loszuwerden, doch ohne Erfolg. Sie gerät schließlich in die Defensive, knurrt mit tieferer Stimme und hebt bereits die Lefzen. Simon geht das zu weit. Er nimmt seinen Mut in die Hand, geht dazwischen und versucht alleine die beiden Hunde auseinanderzubringen. Sara zittert am ganzen Körper und Simon wagt nicht daran zu denken, ihrer Besitzerin diesen Vorfall zu schildern.

Das Herrchen des Golden Retrievers ist endlich angekommen und der reife Mann mit dem weißen Vollbart kann die Aufgebrachtheit des jungen Dogsitters schwer nachvollziehen. »Rufen Sie endlich Ihren Hund zurück«, schreit Simon den Besitzer an. »Na komm zurück, mein Kleiner«, ertönt die liebliche Stimme des Mannes. »Du tust ja niemandem etwas Böses«, er streichelt seinem Vierbeiner über dem Kopf und gibt ihm ein großes Leckerchen. Simon überprüft währenddessen, ob Sara mit Blutflecken oder

Wunden versehen ist. Es fällt ihm ein Stein vom Herzen, als er nichts entdeckt. »Bitte nehmen Sie Ihren Hund sofort an die Leine, der ist gefährlich«, schreit der aufgebrachte Dogsitter den anderen Besitzer an. »Also bitte, jetzt tun Sie nicht so. Mein Hund würde niemandem etwas antun«, kontert der ältere Herr.

Simon überlegt, den uneinsichtigen Besitzer anzuzeigen. Doch er steht aufgrund des Vorfalls immer noch unter Schock, so dass er nun am liebsten Sara einfach wieder nach Hause bringen möchte. Die Dogge scheint sich ebenfalls langsam zu erholen. Simon fragt sich hingegen, ob die Dogsitter-Agentur wirklich das Richtige für ihn ist. Er zittert immer noch leicht. Möchte er diese Verantwortung wirklich übernehmen? Was ist, wenn alles in die Hose geht?

Sara hat er inzwischen zu Hause abgegeben und auf seiner Heimfahrt überlegt Simon, was genau alles schiefgelaufen war. Hat er richtig reagiert? Lag die Schuld bei seinem Hund oder beim anderen? Er wird nicht ganz schlau aus der Sache. Simon kommt ganz erschöpft zu Hause an und wirft die Wohnungsschlüssel auf den Küchentisch. In der Hand hält er eine Zeitschrift für Jungunternehmer mit dem Titel »Wer führt, gewinnt«. Seiner Meinung nach braucht er aber nichts zum Lesen, sondern eine warme Dusche und unter den spannungslösenden Wassertropfen wird ihm plötzlich alles klar.

Ein Hund ist ein Herz auf vier Beinen.
(IRISCHES SPRICHWORT)

Die Welt des Menschen hat sich seit den letzten Jahrhunderten immer mehr von der Natur entfernt. Das Leben des modernen, zivilisierten Menschen zeichnet sich durch Komplexität und Undurchschaubarkeit aus. Hunde leben in unserer Welt, die für Vierbeiner nicht einfach ist. Ein Hunderudel in der Natur hat nichts mit der komplexen und undurchschaubaren Welt des Menschen zu tun. Die natürliche Welt der Hunde ist einfach, klar, harmonisch und friedlich.

Für unsere Welt ist ein Hund in erster Hinsicht daher nicht gemacht – und trotzdem kann er sich in der menschlichen Welt wohlfühlen und aufblühen. Wie geht das? Indem Sie ihm Einfachheit und Klarheit schenken, indem Sie die Führung übernehmen. Nur so kann er sich in unserer komplexen Welt zurechtfinden.

Wie können wir ihm jedoch Klarheit und Einfachheit bieten, wenn wir selbst oftmals in Unruhe, Unklarheit und Überforderung baden? Hunde erspüren sehr genau, ob wir uns in Selbstsicherheit und Stärke wiegen oder genau das Gegenteil davon ausstrahlen. Hunde haben viele Wünsche und Bedürfnisse, doch kein anderer wird so oft missverstanden und falsch gelehrt wie der Wunsch nach Führung. Es gibt jene Menschen, die gerne führen, aber vielleicht falsch, und andere, die nicht führen wollen. Mit beiden Typen wird ein Hund nicht erfüllt leben können. Es gibt aber auch Hundeführer, die ganz natürliche Führungsqualitäten besitzen, eine eigene Ausstrahlung haben, die nichts mit Gewalt und Unterdrückung zu tun hat. Sie führen mit Liebe, Mitgefühl und Klarheit. Wir bezeichnen sie als Rudelführer mit Ausstrahlung. Das sind wahre Helden für alle Hunde und jeder Mensch kann zu einem werden.

Wie Ihr Hund in der Natur leben würde

Wilde Hunde und Wölfe leben in Rudeln. Das Rudel besteht meistens aus einem Rüden, seiner Hündin und deren Jungen. Ab und zu werden auch Geschwister der Eltern im Rudel aufgenommen, aber generell nur Blutsverwandte. Fremde werden aus dem Verband und dem Territorium ausgeschlossen.

Das Leben im Rudel hat etliche Vorteile, dazu zählen bessere Jagderfolge und die Sicherheit der Gemeinschaft. Die Kraft eines Rudels ermöglicht es den Wölfen, große und schwere Beutetiere, wie Rehe, Hirsche und Elche zu jagen. Alleine hätten sie keine Chance gegen so starke Tiere. Im Rudel können sie abwechselnd der Beute hinterherlaufen bis sie erschöpft ist und sich dann gemeinsam auf sie stürzen. Zudem fühlt man sich in einem Rudel um einiges sicherer. Wollen sich alle Mitglieder ausruhen, reicht es, wenn nur einer Wache hält. Der Rest der Gruppe kann sich sorglos hinlegen und braucht auf nichts aufzupassen. Nähert sich eine Bedrohung, kann sich das Rudel drauf verlassen, dass der Wächter Alarm schlägt. Gemeinsam können sie dann die Gefahr fernhalten.

Das Leben in der Gruppe ist aber auch anstrengend. Damit es harmonisch und kooperativ bleibt, müssen soziale Kontakte untereinander ständig gepflegt werden. Bei Hunden und Wölfen ist die Sozialstruktur übersichtlich: Das sogenannte Alpha-Paar, meistens die Eltern, trifft alle Entscheidungen, der Rest des Rudels hat zu folgen. Auch zwischen den Geschwistern herrscht eine gewisse Rangordnung.

Der Rudelführer leitet das Rudel, er gibt dem Rudel alles, was es braucht und sorgt für ein stressfreies Zusammenleben. Diese Rolle kann nur ein erfahrenes Mitglied übernehmen. Nur es weiß, wo es immer Wild, wo es die besten Verstecke gibt und welche Wasserquelle nicht austrocknet. Es unterscheidet auch sehr weise zwischen einer ernsten

Gefahr und nur leicht bedrohlichen Situationen. Diese Rolle übt der Rudelführer mit viel Geduld und Ruhe aus, selten mit Gewalt und Unterwerfung, schon gar nicht gegenüber der eigenen Gemeinschaft.

In einem Rudel gibt es aber auch immer jemanden, der das Gegenteil von einem Führer ist. Dieses Mitglied der Gemeinschaft zeigt Schwächen wie Unsicherheit, Angst und Nervosität. Für die anderen in der Gruppe stört dieses Mitglied einfach nur, genießt kaum Ansehen und scheint eine untergeordnete Rolle zu spielen. Doch das Rudel braucht es trotzdem. Der Schwache hat die Aufgabe, die Wutanfälle anderer auf sich zu nehmen, er muss das Opfer spielen. Die anderen lassen ihren Frust an ihm ab, damit hilft er ihnen, sich stark zu fühlen und ihre Instinkte auszuleben. Für uns Menschen mag das schrecklich und unfair klingen, doch auf den zweiten Blick erkennen wir die wichtige Funktion des Schwachen: Er hilft Konflikte und Spannungen in einem Rudel abzufedern, damit wieder Ausgleich und Frieden einkehren können. Der Schwache trägt also zur körperlichen und mentalen Gesundheit der Gruppe bei, ebenso wie der Starke.

Alle anderen Rudelmitglieder befinden sich in der Rangordnung zwischen dem Führer und dem Opfer. Jedes von ihnen besitzt eine besondere Gabe, die für das Rudel wesentlich ist. Das eine hat eine außergewöhnliche Nase, von der die ganze Gemeinschaft profitiert. Ein anderes schafft es, Futterüberreste sinnvoll zu verbuddeln oder wichtige Gefahrensignale aus der Ferne zu hören. Ein drittes hat das stärkste Gebiss, das die härtesten Sehnen losreißen und sogar Knochen durchbrechen kann. Jedes Rudelmitglied wird für seine Gabe geschätzt und trägt dank ihr zum Überleben der Gemeinschaft bei.

Eine Rangordnung hilft der Gemeinschaft dabei, sich klar über die Rollen zu werden. Das vermeidet Streitigkeiten sowie die unnötige Verschwendung von Zeit und Energie.

Jedes Mitglied kennt seine eigenen Aufgaben und jene seiner Kollegen, es würde nicht auf die Idee kommen, seinen Status aufzugeben oder zu missbrauchen. Dies würde nur Unruhe ins Rudel bringen und das kann sich die Gemeinschaft nicht erlauben, denn nur als Team sind sie stark. So weiß jeder, wer zuerst essen, ausruhen, schlafen und aufstehen darf und hält sich daran. Das gibt jedem Tier im Rudel wiederum viel Sicherheit.

Bei uns Menschen läuft das Ganze oft etwas chaotischer ab. Manchmal führt der Besitzer, manchmal nicht. Manchmal führt er richtig, manchmal sogar falsch. Bedürfnisse des Hundes werden manchmal gehört, manchmal missachtet. Regeln werden je nach Laune angepasst und immer wieder ändert sich das System, in dem der Hund sich zu bewegen hat. Hunde wissen somit oft nicht, woran sie sind, was ihre Rolle nun eigentlich ist und welchen Beitrag sie zur Gemeinschaft leisten können.

Es gibt viele gestresste Menschen, die von einem Termin zum nächsten jagen, unruhig von der Arbeit zurückkommen und hetzend ihre Pflichten als Hundebesitzer erfüllen wollen. Der Hund kommt mit dieser Situation nicht zurecht und reagiert dann mit Stress. So ein Verhalten gibt dem Hund zu wenig Halt. Wir sprechen dann oftmals von einem Problemhund, in Wirklichkeit lautet die korrekte Bezeichnung jedoch »Problemmensch«. Dem Hund fehlt die Klarheit, Ordnung und Sicherheit, die er in einem natürlichen Rudel finden würde.

Praxistipp
Setzen Sie sich auf eine große Hundewiese, ohne Hund, auf eine Bank und beobachten Sie die Hunde, die vorbeigehen. Sicherlich wird bald eine ganze Meute von Hunden auftauchen. Nun beobachten Sie ganz genau: Welcher Hund scheint zu führen? Welcher Hund startet Laufspiele? Welcher Hund erkennt als erster Wildspuren? Lassen Sie sich davon faszinieren, wie so ein Team zusammenarbeitet. Jeder Hund möchte dabei seine Stärken und Fähigkeiten ausdrücken. Streit kommt nur dann auf, wenn einer aus seiner Rolle schlüpfen will oder muss. Einige im Rudel könnten sich dann vielleicht gefährdet fühlen.

Wie Sie zum Rudelführer mit Ausstrahlung werden

Das Überleben des Hunderudels hängt stark vom Führer des Rudels ab. Beim Menschen ist es übrigens nicht anders: Ein Unternehmen kann langfristig nur dann bestehen, wenn der Geschäftsführer die notwendigen Führungsqualitäten hat und auch einbringt. Entspricht er den Anforderungen, bringt er sein Team zum Erfolg, wenn nicht, bricht das Team auseinander. Beim Hund trifft der Führer überlebenswichtige Entscheidungen in Notsituationen und bestimmt über Verteidigung, Jagdstrategien und auch sonst alles andere. Der Ranghöchste in einem Rudel zu sein, muss man sich verdienen, nicht erkämpfen. Das Rudel akzeptiert einen als Führer, weil man gewisse Qualitäten besitzt, die einem diesen Status ganz von alleine verleihen. Die Frage ist nun: Was strahlt der Ranghöchste an Führungskompetenzen aus? Was sind die Führungsqualitäten, die ihm diese natürliche Autorität im Rudel verliehen haben?

Sicherheit

Sicherheit ist DAS Grundbedürfnis jedes Lebewesens. Die Ängste vor Verletzungen, Hunger und Gefahren dominieren den Alltag vieler Tiere. Der Rudelführer wirkt dem entgegen, indem er Sicherheit ausstrahlt. Er greift ein, bevor Konflikte entstehen und verteidigt sein Rudel vor Gefahren. Er meistert die Jagd, sorgt für Essen und sicheren Unterschlupf. Auch in schwierigen Situationen signalisiert er Sicherheit und Vertrauen. Fühlt sich ein Rudelmitglied unsicher, kann es bei ihm neuen Halt suchen kommen.

Entscheidungswille

Im Hunderudel trifft einer die Entscheidung und alle anderen folgen. Diese Entscheidungsfreude kommt mit der Erfahrung. Der Ranghöchste entscheidet, wann die Jagdzeit beginnt, aber auch wann zu schlafen und flüchten ist. Ein Rudelführer entscheidet nicht aus Machtlüsten oder Sadismus, sondern aus Fürsorge für die Gemeinschaft. Er weiß einfach, was am besten für sein Rudel ist. Das führt dazu, dass Spannungen und Konflikte gar nicht entstehen. Alle bekommen, was sie benötigen, sie brauchen dafür nur die Anweisungen zu befolgen.

Ruhe und Gelassenheit

Haben Sie bemerkt, welche Eigenschaft ein guter Rudelführer am stärksten zeigt? Wenn Sie ein Hunderudel beobachten, sehen Sie sofort, dass es immer einen gibt, der ruhig, gelassen, geistig anwesend und entspannt wirkt. Das ist der Rudelführer. Der Ranghöchste weiß ganz genau, dass seine Unruhe sofort auch zu Nervosität und Angst im Rudel führt. Herrscht in einem Rudel Unruhe, entstehen schnell Panik sowie neue Konflikte und die Gemeinschaft wird angreifbar. Der Rüdelführer strahlt daher stets innere Ruhe und Gelassenheit aus. Für diese Qualitäten wird er besonders hoch geschätzt. Sie sind nicht vorgetäuscht, sondern authentisch und kommen ganz natürlich von innen.

Klarheit

Ranghöchste kommunizieren sehr klar, was sie sich vom Rudel wünschen, was zu tun und zu unterlassen ist. Es wäre Zeit- und Energieverschwendung, wenn die Rudelmitglieder an diesen Entscheidungsfähigkeiten zweifeln würden. Unklare Regeln führen zu großer Verunsicherung in der Gemeinschaft. Auf einmal weiß keiner mehr, was er zu tun hat, alle sind verwirrt und verlieren somit an Standfestigkeit. Die notwendige Klarheit des Rudelführers kommt von mentaler und emotionaler Stärke, die sich entweder mit den Jahren entwickelt hat oder bereits angeboren wurde. Nicht jeder hat das Glück, diese zu besitzen.

Mitgefühl

Rudelführer wissen intuitiv, dass in einer Gruppe mehr zu erreichen ist: mehr Essen, mehr Sicherheit und mehr Wohlbefinden. Ein auf sich allein gestelltes Tier würde nie eine derart hohe Lebensqualität genießen können, wie es gemeinsam in einem Rudel möglich ist. Sie wissen aber auch, dass die Gemeinschaft nur am Leben bleibt, solange sich alle Rudelmitglieder wohl und gut aufgehoben fühlen. Der Ranghöchste strahlt also viel Fürsorge und Mitgefühl aus. Diese Liebe spüren seine Mitglieder und diese nährt sie. Was hat der Rudelführer davon? Respekt und Achtung!

Blicken wir nun zurück auf unsere Hunde als Haustiere und auf unsere Hund-Mensch-Beziehung. Hunde übernehmen ungern in unserer komplexen und unübersichtlichen Welt die Führung. Sie wissen, dass sie mit dieser Verantwortung überfordert wären. Es ist zudem ohnehin der Mensch, der die Nahrung besorgt, meistens über Spazierwege entscheidet und sich um die Unterkunft sorgt. Das sind bereits Qualitäten eines guten Rudelführers, die Ihr Hund in Ihnen erkennen wird. Es würde also keinen Sinn ergeben, dass der Hund die Führung übernimmt. Sie scheinen dafür geeignet zu sein. Es sei denn, der Mensch zeigt diese Führungskompetenzen nicht, dann muss der Hund sich etwas anderes überlegen.

Übernimmt das Herrchen oder Frauchen die komplette Führung nicht, verfügen sie nicht über alle hier beschriebenen natürlichen Autoritäten und Führungskompetenzen, so muss der Hund handeln. Irgendjemand muss das Rudel führen. Wenn der Mensch es nicht schafft, muss der Hund gezwungenermaßen einspringen. Konflikte, Spannungen und Verhaltensprobleme entstehen sehr bald, da der Hund mit dieser Aufgabe in unserer Welt unmöglich zurechtkommen kann.

Gerade Hundebesitzer, die ihren Hund womöglich als Partnerersatz anschaffen und darauf bestehen, dass sie sich im Leben in seinen Pfoten fallen lassen können, haben es schwer die Führung zu übernehmen. Sie wollen den Hund einfach nur lieben und sich lieber führen lassen. Doch Liebe alleine reicht ihm nicht, er braucht genauso Führung. Sie können ihn liebevoll führen, sollten ihn aber nicht nur lieben, das ist zu wenig. Sie übergeben Ihrem Hund viel zu viel Verantwortung, die er nicht tragen kann. Wie soll, abgesehen davon, ein Hund die fehlende Liebe, die tiefen Wunden und Schmerzen ersetzen, die andere Menschen verursacht haben?

Schaffen Sie sich daher keinen Hund an, wenn Sie denken, dass Sie innere Klarheit, Ruhe und Gelassenheit, Sicherheit und Mitgefühl nicht trainieren möchten. Hunde testen ihre Besitzer in beinahe jedem Moment auf diese Führungsqualitäten. Nicht weil sie Sie scheitern sehen wollen oder einen schwachen Moment suchen, um Sie zu dominieren, sondern weil sie sicher sein wollen, dass sie auch in Notsituationen auf Sie zählen können.

Wendet der Mensch seine Führungsqualitäten korrekt an, läuft alles gut. Ansonsten benötigen Sie eigentlich keine Hundeschule, sondern eine Führungsschule für Herrchen und Frauchen. Sie können einem Hund nichts vormachen. Wollen Sie selbstsicher erscheinen und ignorieren dabei Gefühle von Angst und Unsicherheit, erzielt das beim Hund wenig Wirkung. Es fehlt an authentischer Ausstrahlung. Wichtig ist daher, dass Sie Ihre Emotionen schulen, statt den Hund in »erziehende Hände« abzugeben.

Praxistipp
Setzen Sie es sich zum Ziel, eine natürliche Autorität für Ihren Hund zu sein. Führen bedeutet nicht böse, dominierend oder gewalttätig zu sein, aber auch nicht Selbstsicherheit und Stärke vorzuspielen. Das Ziel ist, Sicherheit, Ruhe und Vertrauen von innen heraus auszustrahlen. Nehmen Sie bewusst die Rolle an, ein gefühlvoller Rudelführer für Ihren Hund zu sein. Stellen Sie sich vor, wie Sie mit diesen Führungsqualitäten auf die Welt gekommen sind. Entscheiden Sie sich dafür, diese Qualitäten bei sich selbst zu trainieren. Überlegen Sie, wie Sie anders denken, fühlen und handeln würden, wenn Sie natürlich und authentisch führen würden. Sie können sich natürlich auch Hilfe und Rat in Büchern, bei Coachs und Trainern suchen.

Wie Hunde untereinander kommunizieren

Wissenschaftliche Studien zeigen, dass Tiere, die in Gruppen zusammenleben, weitaus komplexer kommunizieren, als jene, die Einzelgänger sind. Das ist natürlich sinnvoll: Ein Rudel muss lernen, sich zu verständigen und die richtigen Signale zu setzen, wenn Gefahr lauert oder sich eine Beute nähert. Sie müssen miteinander interagieren, um als Gruppe zusammenleben und wirken zu können. Ein Einzelgänger braucht all dies nicht.

Hunde, bzw. generell Rudeltiere, kommunizieren sehr vielfältig. Wir Menschen nehmen ihre Körpersignale und -laute bestens wahr. Wir wissen, dass ein knurrender Hund nicht gestreichelt gehört und ein Hund der in

»Vorderkörpertiefstellung« mit wedelnder Rute vor uns steht, womöglich spielen will. Hunde sind aber auch Meister des Riechens, sie schnüffeln leidenschaftlich gern beim Spazieren und Markieren. Somit gehört auch das Riechen zu ihrem Kommunikations-Repertoire.

Unbekannt für viele ist, dass Hunde auch über Gefühle und Gedanken miteinander kommunizieren. Beginnen wir damit, diese mentale Kommunikation zu verstehen, können wir noch besser und tief gehender mit unseren Tieren sprechen.

Ihr Hund spricht mit seinem Körper

Viele Lehrbücher über Hundeerziehung zeigen in Abbildungen, wie Sie die Körperhaltungen eines Hundes deuten können. Sie lernen über die Bedeutung der Ohren- und Rutenhaltung sowie deren Bewegungen. Aber auch die Pupillengröße und andere Körperstellungen geben Auskunft über den Gemütszustand eines Hundes. Wir empfehlen Hundebesitzern, sich aber nur begrenzt darauf zu verlassen – aus folgenden Gründen:

Erstens: Sie können Ihren Hund nie ganzheitlich verstehen, wenn Sie sich ausschließlich auf einen einzelnen Körperteil konzentrieren. Beispielsweise können die Ohren auf »nett« gestellt sein, während der Rest des Körpers im »Angriffsmodus« ist. Wofür entscheiden Sie sich dann?

Zweitens: Gerade in brenzligen Situationen, in denen Sie rasch eine Entscheidung treffen müssen, bringt Auswendiggelerntes wenig. Wenn plötzlich ein fremder Hund ohne Leine vor Ihrem angeleinten Hund steht, müssen Sie schnell entscheiden, ob Sie ihn beschützen müssen. Sie haben selten die Zeit dafür, im Detail zu beobachten, wie weit seine Pupillen geöffnet sind, wie schnell sich die Rute bewegt und wie viele Zentimeter er von seinen Zähnen zeigt. Es besteht die Gefahr, dass Sie aufgrund einer solchen Analyse zu spät reagieren.

Drittens: Es gibt keine einheitliche Körpersprache unter den Rassen. Windhunde oder Border Collies signalisieren Entspannung, wenn sie die Rute zwischen den Hinterbeinen halten – bei Beagles bedeutet diese Haltung jedoch starke Unsicherheit. Hunde dieser Rasse halten im entspannten Zustand die Rute kerzengerade nach oben, was auf andere Rassen arrogant und hochnäsig wirkt.

Es zahlt sich dennoch aus, etwas über die Körperhaltung und -bewegungen von Hunden zu lernen, wenn es Ihnen Spaß macht. Es wird Ihnen dabei helfen, Ihren eigenen Hund besser zu verstehen. Wir wollen lediglich darauf hinweisen, dass Sie dieses Wissen nicht immer und vor allem nicht auf jeden Hund anwenden können. Es ist also mit Vorsicht zu genießen!

Auch Hunde müssen die Körpersprache ihrer Artgenossen kennenlernen. Als Welpe nehmen sie viel von ihrer Mutter und ihren Geschwistern mit, doch das reicht nicht. Wie Sie bereits erfahren haben, »reden« einige Hunderassen anders, sie haben sozusagen ihren eigenen Dialekt. Ihr Hund hat es manchmal schwer, die unterschiedlichen Signale anderer Rassen klar zu verstehen. Windhunde signalisieren mit ihrem gekrümmten Rücken »Angst« und »Verunsicherung«, doch in Wirklichkeit bedeutet es bei dieser Rasse das Gegenteil: Selbstbewusstsein und Unabhängigkeit. Erst wenn Ihr Hund gelernt hat, dass Windhunde diesen »Dialekt« sprechen, kann er angemessen mit ihnen umgehen.

Ein weiteres Beispiel: Schäferhunde haben die Angewohnheit, Spielkameraden zu fixieren, plötzlich hinzustürzen und nur einige Schritte vor ihnen stehen zu bleiben, um wieder loszurennen. Für unerfahrene Hunde ist das ein eindeutiges Zeichen für Angriff. Doch der Schäfer meint es nicht so, er will nur spielen. Mittels gezielter Zucht wurde dieser Körperausdruck gefördert, damit der Schäferhund Schafe besser mobilisieren kann. Auch das muss Ihr Hund lernen.

Praxistipp

Lassen Sie es zu, dass Ihr Hund die Zeichen seiner Artgenossen deutet. Er muss die verschiedenen Dialekte und Sprachen jeder Hunderasse und jedes Hundetyps erlernen, um stressfrei und selbstsicher durchs Leben spazieren zu können. Motivieren Sie ihn als Welpen und Junghund dazu, zu fremden Hunderassen zu gehen, diese zu beschnüffeln und auch mit ihnen zu spielen. Er wird ihre Sprache dadurch ganz von alleine lernen, genauso wie ein Kind, das mehrsprachig aufwächst. Ist Ihr Hund bereits erwachsen und scheint sich mit einer bestimmten Rasse nicht zu vertragen, suchen Sie öfters Kontakt zu diesen Hunden und gehen kontrolliert gemeinsam spazieren. Hat Ihr Hund die Möglichkeit, die Bewegungen und Signale dieser anderen Rasse in Ruhe und immer wieder zu beobachten, wird er sie bald nicht mehr als potenzielle Gefahr einschätzen.

Beschwichtigungssignale sind Körperbewegungen, -haltungen und Mimiken, die ein Hund zeigt, um einem anderen Hund klarzumachen, dass er Stress hat. Erstaunlich ist, dass diese Signale von allen Hunderassen richtig gedeutet und verstanden werden. Es ist eine universelle Sprache. Sie helfen, Spannungen und Stress zu lösen. Hunde setzen sie ein, wenn sie auf andere Hunde, aber auch auf Menschen und Situationen treffen, die sie als bedrohlich oder unangenehm empfinden. Sie geben damit ein deutliches Signal: »Ich habe Stress!«

Jeder Welpe lernt Beschwichtigungssignale von seiner Mutter und seinen Geschwistern zu deuten und auch angemessen einzusetzen. Welpengeschwister wenden diese Signale häufig beim Spielen an, als Zeichen dafür, dass das Spiel zu wild geworden ist und jetzt Schluss sein soll. Mit den Jahren kommt es leider häufig vor, dass Hunde diese Sprache aus unterschiedlichen Gründen verlernen. Ein Grund dafür ist, dass sie auf schlecht sozialisierte Hunde treffen, die diese Signale missachten, oder sie haben gar keinen Kontakt zu anderen Hunden und verlernen somit die Sprache, da sie diese zu wenig üben. Doch Kontakt mit gut sozialisierten Hunden führt dazu, dass diese Zeichen laufend in Erinnerung bleiben und daher nicht vergessen beziehungsweise wieder aufgefrischt werden.

Hier einige der am häufigsten und für uns Menschen am deutlichsten sichtbaren Beschwichtigungssignale:

Gähnen	Der Hund gähnt, obwohl er keinen Grund hat, müde zu sein. Oft gähnt er mehrmals hintereinander. Häufig zu beobachten ist das bei Hunden von Besitzern, die ihn aus einem Kuschelbedürfnis heraus an sich drücken, was ihm jedoch unangenehm ist, da es zu eng ist.
Maul lecken	Ein Hund, der gerade gefressen hat, wird sich mit der Zunge über die Zähne lecken, um sich zu putzen, das ist keine Beschwichtigung. Leckt er sich jedoch über die Nasenspitze, zeigt er (wenn er nicht gerade gefressen hat), dass ihm die aktuelle Situation unheimlich ist.

Kopf abwenden	Der Hund wendet seinen Kopf deutlich zur Seite, so als würde er wegschauen. Er tut bewusst so, als würde er nichts mitbekommen. Diese Bewegung sehen Sie sehr oft, wenn zwei Hunde aufeinandertreffen.
Am Boden schnüffeln	Die Nase liegt im Vergleich zum gewöhnlichen Schnüffeln nicht ganz am Boden. Sie erkennen, dass der Hund nur so tut, als ob er etwas Interessantes gefunden hätte.
Erstarren/ langsame Bewegung	Der Hund bewegt sich immer langsamer, als wären seine Gelenke steif geworden, schlussendlich erstarrt er völlig. Er bewegt sich erst wieder, wenn die Situation sich entschärft hat. Das kommt wiederum am häufigsten bei Begegnungen mit fremden Hunden vor. Einige Hunde setzen oder legen sich zusätzlich hin und lassen sich vom fremden Hund beschnuppern. Welpen und ängstliche Hunde sind sogar bereit, sich auf den Rücken zu legen und dem fremden Hund ihre verletzlichsten körperlichen Stellen zu zeigen.
Im Bogen gehen	Fremde Hunde gehen niemals geradeaus aufeinander zu. Sie nähern sich einander im Bogen und umkreisen sich. Können sie frei laufen, ist dies kein Problem. An der Leine haben sie diese Möglichkeit leider nur selten.
Körper schütteln	Wenn eine Stresssituation vorüber ist, schüttelt der Hund seinen Stress einfach ab. Das ist kein Beschwichtigungssignal per se, aber für Sie ein Zeichen, dass die Situation, die knapp zuvor geschehen ist, Ihrem Hund unangenehm war.

Die Vorderkörpertiefstellung, das Heben der Pfote und Blinzeln sind weitere Beschwichtigungssignale, die Hunde gerne einsetzen. Auch Stressfalten, die sich zwischen Mund und Augen formen, deuten darauf hin, dass der Hund Stress hat. Diese Zeichen sind etwas diskret und somit auch schwieriger für den Menschen erkennbar, insbesondere deswegen, weil sie auch im alltäglichen Leben oft vorkommen, ohne dass der Hund gerade beschwichtigt.

Praxistipp

Wenn Sie beim Spaziergang erkennen, dass Ihr Hund beschwichtigt, dann loben Sie ihn für dieses Verhalten! Freuen Sie sich, dass Ihr Hund Konflikten natürlich aus dem Weg gehen will, auch wenn der Spaziergang durch sein ständiges Hinsetzen etwas länger dauert. Brechen Sie das Verhalten auf keinen Fall ab und greifen Sie nicht ein. Ihr Hund fühlt sich sonst missverstanden und sein Gegenüber versteht Ihren Eingriff genauso wenig. Sie können das Beschwichtigungsverhalten auch bewusst einsetzen, um unangenehme Situationen zu entschärfen und Ihrem Hund mehr Sicherheit zu bieten:

- Bei »suspekten« Hunden machen Sie mit Ihrem einen Bogen und entfernen Sie sich.
- In Begegnungen mit aufdringlichen und/oder starrenden Hunden locken Sie Ihren mit einem Leckerli oder Ihrer Stimme so, dass er seinen Kopf vom anderen abwendet.

- Bei einem bellenden Hunderudel, das auf Ihren Vierbeiner zugelaufen kommt, lassen Sie Ihren Hund mit dem Rücken zum Rudel absitzen. Das wirkt sehr entschärfend und überraschend auf andere Hunde. Diese werden ihr Tempo verlangsamen und somit gutmütiger erscheinen.
- Wenn Ihr Hund bei Ihnen zu Hause aus irgendeinem Grund unruhig wird, gähnen Sie groß und laut. Ihr Hund wird Sie bald nachahmen und ruhiger werden.

Ihr Hund spricht mit seiner Stimme

Hunde geben die verschiedensten Töne von sich. Am häufigsten hörbar und am leichtesten zu interpretieren sind das Bellen, das Knurren, das Winseln und das Heulen. Einige Rassen wie die Chihuahuas und Cockerspaniels bellen sehr gerne. Andere, wie zum Beispiel der Mops, geben seltsame Seufz-Geräusche von sich, die fast den ganzen Tag über zu hören sind. Podencos sind hingegen generell eher still.

Knurren	Knurren bedeutet ganz klar »Geh weg«. Es ist eine Warnung, mit der »dringenden Bitte«, dass sich der andere Hund, Mensch oder die Situation fernhält, weil sie als bedrohlich eingeschätzt wird. Hundebesitzer, die das Knurren ihres Hundes mit Druck verbieten, laufen Gefahr, die Situation zu verschlimmern.

Winseln	Winseln kann ein Zeichen von Ungeduld oder von Unsicherheit sein. Mit diesem Geräusch bettelt der Hund um Aufmerksamkeit. Es kann viele Gründe dafür geben: Hunger, Streichelbedürfnis, Harndrang und vieles mehr. Je nach Situation gehört es ignoriert (z. B. beim Betteln) oder genau beachtet (z. B. bei Schmerz).
Heulen	Heulen signalisiert tiefe Einsamkeit. Manchmal heulen Hunde mit Trennungsangst stundenlang und monoton, bis ihr Besitzer zurückkommt. Tun Sie alles, was nötig ist, damit Ihr Hund nicht heulen muss. Machen Sie ein Trennungsangst-Training. Das Jaulen während des Sirenen-Geräuschs oder bestimmter Lieder geschieht wahrscheinlich nur aus Spaß.
Bellen	Mit dem Bellen können Hunde vieles ausdrücken: Je tiefer die Stimme beim Bellen, desto ernster und negativer ist die Emotion dahinter. Je heller die Stimme, desto fröhlicher oder aufgeregter ist der Hund. Ist das Bellen eintönig, bellt der Hund aus Langeweile oder weil er sich einsam fühlt. Angstbellen ist ebenso wie das Heulen herzbrechend.

Vergessen Sie das Sprichwort: »Hunde die bellen, beißen nicht.« Ein Hund kann sehr wohl bellen und knurren und, falls sein klares Zeichen nicht verstanden wird, eine Sekunde später zubeißen. Er kann aber auch zubeißen, ohne vorher mit Bellen oder Knurren zu warnen. Das ist oft der Fall wenn das Knurren und Bellen vom Menschen unterbunden wurde.

Ihr Hund spricht mit seinem Duft

Hunde haben eine hervorragende Nase, mit der sie beispielsweise zwei Sandkörner auf einem mit Sandschicht bedeckten Fußballfeld voneinander unterscheiden können. Der Geruch spielt für Hunde eine große Rolle bei der Jagd, aber auch in der Kommunikation mit Artgenossen. Sie suchen nach Duftspuren beim Gassigehen und schnuppern dabei an Bäumen, Hausecken und Gebüschen. Vor allem nicht kastrierte Rüden beschnuppern alles, das sie finden. Viele Hunde beschnuppern auch zuerst Menschen, bevor sie die Entscheidung treffen, ob sie mit dieser Person etwas zu tun haben wollen oder nicht.

Mittels wissenschaftlicher Studien konnte festgestellt werden, dass Urin und Kot eines Tieres vermutlich wichtige Informationen enthalten. Beispielsweise lässt sich durch den Geruch der Exkremente herausfinden, ob das Tier gesund oder krank ist, kastriert oder nicht und sogar welche Charaktereigenschaften dominieren. Der Kot und Urin eines ängstlichen und gestressten Hundes riechen anders, als jene eines selbstsicheren und ausgeglichenen Tiers. Eine Erklärung dafür liegt in den Hormonen: Der Körper schüttet bei Stress Adrenalin und Cortisol aus sowie Endorphine in Glücksmomenten. Überreste und Abbauprodukte davon sind im Kot und Urin zu finden.

Praxistipp

Beobachten Sie beim Spaziergang Ihren Hund dabei, wie er schnuppert und wohin ihn seine Nase führt. Versuchen Sie dabei, sich bewusst zu machen, wie faszinierend und außergewöhnlich der Geruchssinn Ihres Hundes ist. Hunde erschnüffeln so vieles in der Umwelt, dessen wir uns gar nicht bewusst sind. Fördern und unterstützen Sie diese Begabung Ihres Hundes, er sammelt gerade Informationen über die letzten Ereignisse in der Nachbarschaft.

Ihr Hund spricht mit seinen Gefühlen

Hunde haben Gefühle und spüren ebenfalls wie Menschen Emotionen. Sie fühlen Angst, Trauer, Einsamkeit, Hilfslosigkeit, Wut, aber auch Begeisterung, Freude und Vertrauen. In der freien Wildbahn kommunizieren Rudel- und Herdentiere ständig über Gefühle. Ihr Überleben und das des gesamten Rudels hängt davon ab, wie gut jedes Mitglied seine Artgenossen einschätzen kann. Gefühle helfen dabei enorm.

Der Unterschied zum Menschen zeigt sich oft im Alltag: Menschen sind dazu fähig, Gefühle zu unterdrücken und sich zu verstellen. Hunde können das nicht und hätten so oder so keinen Grund, es zu tun. Sie sind nie in Konkurrenz miteinander, sondern wollen harmonisch zusammenleben und das geht nur, wenn sie authentisch sind.

Die häufigste Emotion, die bei Tieren auftritt, ist Angst. Doch obwohl Angst in der Regel als negativ eingestuft wird, hat sie auch ihre guten Seiten. Angst verhindert, dass sich das

Tier einem gefährlichen Felsabgrund nähert, in eine Pfütze tritt und sich dort verletzt und sie hilft dabei, rechtzeitig vor Raubtieren davonzulaufen. Bei unseren Haushunden bewirkt Angst auch, dass sie beschwichtigen, also dass sie Konflikte meiden wollen. Wie bereits erwähnt, schüttet der Körper bei Angst die Hormone Cortisol und Adrenalin aus. Das bewirkt, dass das Gehirn und die Verdauungsorgane weniger durchblutet werden, damit Muskeln, Atmung und Herzschlag für die Flucht ausreichend mit Energie versorgt werden können. Der Körper des Tieres ist auf Flucht oder Angriff vorbereitet und die »Alarmstimmung« weitet sich auf das ganze Rudel aus. Hunde können das Adrenalin unbewusst riechen und geraten damit selbst in den Zustand der Angst. Auf diese Weise kann das ganze Rudel vor Gefahren gerettet werden.

In den meisten Hundeschulen lernen Hundebesitzer, keine Angst zu zeigen, wenn sie mit ihrem Hund unterwegs sind. Doch das bringt überhaupt nichts. Auch wenn Sie Ihrem Hund Ihre Angst nicht zeigen, wird er sie wahrnehmen, denn er spürt das Gefühl in Ihnen. Sie sollten also daran arbeiten, Ihre Ängste immer besser zu meistern und natürliche Sicherheit auszustrahlen. Ihr Hund spürt das sofort.

Liebe ist übrigens ein weiteres starkes Gefühl, das bei Tieren auftritt. Tiere sind fähig, den Menschen zu lieben, unabhängig davon, wie er aussieht, welches Alter er hat und ob er in den letzten Jahren beruflich befördert wurde. Diese Form von bedingungsloser Liebe erhalten sie manchmal auch in Situationen, in denen man nicht gut zu ihnen ist oder sie sogar quält. Tiere, vor allem Hunde, lieben. Ist die Liebe auf einen Menschen gefallen, so lieben sie ihn über alles.

Praxistipp
Achten Sie bewusster darauf, wie Ihr Hund auf Ihre eigenen Emotionen und jene anderer Menschen in Ihrer Umgebung reagiert. Fragen Sie sich gerade bei ungewöhnlichem Verhalten an bereits bekannten Orten, welche Emotionen gerade in der Luft liegen. Spüren Sie selbst, ob Ihr Körper ähnliche Gefühle wahrnimmt. Hunde tun nichts grundlos. Sie sind instinktive und gefühlvolle Wesen, die alles erspüren und empfinden. Sie zeigen Ihnen die Emotionen, die in der Umgebung zu finden sind.

Ihr Hund spricht mit seinen Gedanken

Haben Tiere Gedanken und kommunizieren sie telepathisch? Die Praxis liefert genügend dokumentiere Fälle, aus denen klar hervorgeht, dass Tiere gedanklich miteinander sprechen, beispielsweise bei der Beutejagd. Jagt ein Rudel ein Reh, das schon sehr nah ist, warten die Mitglieder auf ein Zeichen, das ihnen die Erlaubnis für den Angriff gibt. Außerdem herrscht noch keine Klarheit über die Jagdstrategie. Je nach Wind, Gelände und Alarmbereitschaft des Rehs erfordert es eine andere Entscheidung. Jemand aus der Gruppe kommuniziert den Mitgliedern, wie das Reh gefangen werden soll. Klar ist, dass Bellen oder Heulen das Reh in die Flucht schlägt und Körpersignale nichts bringen würden, wenn die Mitglieder weit voneinander entfernt sind oder irgendwo in Gebüschen auf das »O.K.-Zeichen« warten. Hier müssen sie sich gedanklich aufeinander abstimmen. Auch die Kommunikation über Gerüche würde wenig

Klarheit über den nächsten konkreten Schritt bringen, der gemacht werden muss. Die mentale Kommunikation zwischen den Mitgliedern ermöglicht ein erfolgreiches Jagen, ohne einander sehen zu müssen oder mit Lauten zu kommunizieren. Genau wie Hunde Emotionen eines anderen Lebewesens spüren, können sie auch seine Gedanken lesen.

Praxistipp

Achten Sie immer wieder darauf, ob Ihr Hund beispielsweise das versteht, woran Sie gerade gedacht haben. Haben Sie manchmal das Gefühl, Ihr Hund kann Ihre Gedanken förmlich lesen oder teilweise interpretieren? Öffnen Sie sich gleichzeitig diesem Gedanken, dass Hunde mehr wissen, als wir glauben. Beobachten Sie Ihren Hund manchmal und fragen Sie sich, ob er Sie versteht, weiß, was Sie denken und was in Ihnen vorgeht. Warten Sie dabei eine Reaktion ab, die unmittelbar oder auch später auftritt.

Eine ganz konkrete Übung möchten wir Ihnen noch vorstellen: Bevor Sie Ihrem Hund ein Kommando wie »Sitz« oder eine Anweisung wie »Wir gehen jetzt Gassi« mit Ihrer Stimme kommunizieren, denken Sie es einfach nur. Warten Sie ab, was Ihr Hund macht. Wahrscheinlich ahnt er bereits, was vor sich geht. Loben Sie ihn dafür!

Sie erfüllen die psychologischen Bedürfnisse Ihrer Vierbeiner dann, wenn Sie sich zu einem Rudelführer mit Ausstrahlung entwickeln. Dazu müssen Sie verstehen, wie Hunde untereinander in einem Rudel leben und wie sie miteinander kommunizieren. Hunde benötigen eine Welt, in der sie sich sicher und klar bewegen können. Dazu benötigen sie die Führung des Menschen, weil die meisten Hunde in der Welt des Menschen leben.

Auf den nächsten Seiten beschäftigen wir uns mit den kommunikativen Bedürfnissen unserer Vierbeiner und werden dabei feststellen, dass Hunde weitaus andere Dinge in der Kommunikation des Menschen wahrnehmen, als wir es vermutlich bisher geglaubt haben.

IV. DIE KOMMUNIKATIVEN BEDÜRFNISSE ERFÜLLEN

Ganzheitlich mit Ihrem Hund kommunizieren

An diesem Frühlingssonntag strahlt die Sonne, die Luft ist frisch und rein, die Vögel singen in den Ästen der Bäume und die Natur wacht auf. Ein idealer Tag für Frau Mayer um mit ihrer Westiehündin Cindy in den Park laufen zu gehen. Beide genießen diese Zeit zusammen: Freizeit, Sport und Ruhe, keine Termine, keine Hektik, keine Menschenmassen, einfach nur Entspannung.

Nach einer kurzen Autofahrt erreichen beide den Parkplatz am Eingang des Parks, es ist einer der letzten weit und breit, in denen Hunde noch frei laufen dürfen. »Was für eine Qual für unsere Vierbeiner«, denkt sich die Dame. Schließlich haben Hunde genauso ein Anrecht auf Bewegung und Freiheit wie wir Menschen. Daher liebt es Frau Mayer, mit ihrer Hündin zum Laufen hierherzukommen, auch wenn sie dafür ins Auto steigen muss.

Es folgt eine kurze Aufwärmphase für Frau und Hund. Sie zieht ihre Laufschuhe an, dreht den MP3-Player mit motivierender Musik auf und los geht es mit dem Joggen.

Cindy ist eine sehr agile West-Highland-Terrier-Hündin, sie ist genauso sportlich unterwegs wie Frauli. Wenn sie nicht täglich ausreichend Bewegung bekommt, wird sie mürrisch und unruhig. Heute darf sie sich wieder so richtig auspowern.

Frau Mayer läuft zielstrebig ihren Weg, sie will unbedingt die 15-km-Runde schaffen. Sie achtet auf ihre Atmung und ihre Schrittgröße ist im Tempo der Musik, Cindy läuft einfach mit. Ab und zu bleibt sie stehen um zu schnüffeln, doch sie kommt sehr schnell wieder nachgerannt, wenn Frauli etwas weiter weg ist.

Leider ist das jedoch nicht immer so. Wenn Frau Mayer unter der Woche mit Cindy in der Mittagspause spazieren geht, führt diese sich auf wie eine Furie. Joggern rennt sie am liebsten hinterher, hin und wieder beißt sie auch in die Wade. Radfahrer werden verbellt und ihr Lieblingsopfer sind Kinderwagen. Frau Mayer traut sich schon nicht mehr unter der Woche mit Cindy spazieren zu gehen. Sie ist ständig im Stress und Alarmzustand bei Kinderwagen, Joggern und Radfahrern. Cindy sucht offenbar nach Gelegenheiten, um wieder anzugreifen. Sie ist ständig auf der Lauer, sodass es für Frau Mayer fast unmöglich ist, potenzielle Gefahren fernzuhalten.

Frau Mayer versteht das nicht. Warum ist ihre Hündin unter der Woche so schwierig und am Wochenende friedlich? Sie wird doch nicht die Wochentage voneinander unterscheiden können, oder etwa doch? Was ist für Cindy am Wochenende anders? Was ist dafür ausschlaggebend, dass sie am Wochenende einfach nur folgt und unter der Woche so viel Selbstinitiative übernimmt, ihrer Aggression freien Lauf lässt und alles fernhalten will, das sich bewegt?

Letzten Montag war die Besitzerin wieder einmal zu langsam. Ihre Hündin hatte einen Kinderwagen im Visier, doch das ist Frau Mayer nicht aufgefallen, denn sie hielt gerade nach einem Jogger Ausschau, der sich ihnen lang-

sam näherte. Plötzlich bellte und knurrte Cindy los, lief zum Kinderwagen und riss Frau Mayer die Leine aus der Hand. Glücklicherweise haben die Eltern gut reagiert und Cindy mit bestimmter Stimme und Körpersprache vom Kinderwagen ferngehalten. Frau Mayer entschuldigte sich mehrmals für den Vorfall und verkroch sich aus Scham schnell wieder ins Büro. Seitdem hat Frau Mayer ständig diese Bilder im Kopf, sobald sie einen Kinderwagen sieht.

Es ist nun wieder Zeit für den Spaziergang und die Besitzerin sieht ihren Vierbeiner sorgenvoll an. »Was ist nur los mit dir«, fragt sie ihre Hündin. Cindy schaut kurz hoch und sagt nichts dazu, sie rennt zur Tür und ist bereit, hinauszuzischen. »Sie versteht mich eh nicht«, denkt sich Frau Mayer. Aber was, wenn doch?

Der Hund ist der sechste Sinn des Menschen.
(CHRISTIAN FRIEDRICH HEBBEL)

Naturvölker, die mit Tieren zusammen leben, kommunizieren mit ihnen auf eine magische und geheimnisvolle Art und Weise. Ein indianischer Reiter ist eng mit seinem Pferd verbunden. Er weiß stets, wo sein Pferd ist, was es macht und was es braucht. Auch das Pferd weiß genau, was sein Reiter sich von ihm wünscht – ohne Worte oder räumliche Anwesenheit. Wie machen sie das? Was wissen Naturvölker über Kommunikation, das wir Menschen in der »zivilisierten« Welt noch nicht beherrschen?

Den meisten Tierbesitzern ist klar, dass die Stimme, aber auch die Körpersprache das Verhalten ihres Haustieres beeinflusst. Was wir aber noch nicht wissen, ist, dass Stimme und Körpersprache relativ gesehen unwichtig für die Kommunikation mit unseren Hunden sind. Vierbeiner nehmen ganz andere Signale beim Menschen wahr. Welche? Was macht den Großteil der Kommunikation aus? Die Naturvölker kennen die Antwort: Sie kommunizieren aufrichtig und stimmig mit den Tieren.

Es ist an der Zeit, dass wir Menschen erkennen, dass unsere Tiere weniger auf die Stimme und Körpersprache reagieren, sie achten tatsächlich auf ganz andere Signale. Schaffen wir es einheitlich und aufrichtig mit ihnen zu kommunizieren, eröffnet sich eine neue Welt der Verständigung. Kommunizieren wir nicht auf diese Weise mit dem Tier, so kann es nicht verstehen, was wir von ihm wollen und muss daher selbst Entscheidungen treffen. Um aufrichtig und einheitlich zu kommunizieren, müssen Sie Stimme, Körpersprache, Vorstellungskraft, Gedanken und Gefühle in Einklang bringen.

Ihre Stimme richtig einsetzen

Der Ton macht die Musik. Hunde hören mehr auf Ihre Tonlage als auf das gesprochene Wort. Sie können ein »Sitz« beispielsweise leise, laut, freundlich, bestimmt, zögernd und begeistert aussprechen. In jedem Fall wird Ihr Hund es anders wahrnehmen und somit bekommen Sie auch eine unterschiedliche Reaktion von ihm.

Hunde hören Nuancen aus der Stimme viel besser heraus, als wir Menschen das tun. Ihre Ohren nehmen winzige Feinheiten eines Geräusches wahr.

Hier ein kurzer Überblick, wie Ihre Stimme auf Ihren Vierbeiner wirkt:

leise Stimme	→	einladend, lockend. Der Hund wird aufmerksam.
laute Stimme	→	abschreckend, abweisend. Der Hund geht auf Distanz.
freundliche Stimme	→	einladend, interessant. Der Hund fühlt sich wohl.
bestimmte Stimme	→	führend, anweisend. Der Hund folgt sofort.
zögernde Stimme	→	unsicher, unernst. Der Hund ignoriert Sie.
begeisterte Stimme	→	lobend, motivierend. Der Hund lernt.

Leise Stimme: Wenn Sie leise mit Ihrem Hund sprechen, kommt er ganz nah zu Ihnen, um zu hören, was Sie ihm zuflüstern. Er bleibt neugierig und behält seine Aufmerksamkeit solange Sie flüstern. Er bleibt so nah bei Ihnen wie nur möglich, um auch alles mitzubekommen. Sprechen Sie daher ganz leise, wenn Sie die volle Aufmerksamkeit von Ihrem Hund brauchen, zum Beispiel am Hundeplatz, wenn alle gemeinsam mit ihren Hunden arbeiten. Ihr Hund wird mit seiner Aufmerksamkeit bei Ihnen bleiben. Ein weiterer Vorteil ist, dass Sie die Stimme erheben können, falls eine Situation brenzlig wird. Ist Ihr Hund es gewöhnt, dass Sie immer nur sehr leise mit ihm reden, wird er die Ernsthaftigkeit einer etwas lauteren Stimme in Notsituationen sofort erkennen.

Laute Stimme: Hunde hören viel besser als Menschen. Was für Sie ein normaler Ton ist, hört sich für den Hund bereits laut an. Tiere mögen generell laute Töne und somit auch laute Stimmen nicht. Da Hunde Dingen aus dem Weg gehen, die sie nicht mögen, wird sich Ihr Hund von Ihnen entfernen, wenn Sie immer lauter reden. Er will einfach nur seine Ruhe haben und entfernt sich so weit weg von seinem Besitzer, bis es wieder ruhiger wird. Reden Sie ständig nur laut mit Ihrem Hund, schreien Sie ihm Befehle zu, so wirken Sie zusätzlich sehr unsicher auf ihn. Sie verlieren sofort an Führungsstärke. Einerseits weil Sie diese Unsicherheit ausstrahlen, andererseits aber auch, weil Sie Ihrem Hund Angst machen. Ein Rudelführer mit Ausstrahlung muss nicht schreien oder beängstigend wirken, das Rudel folgt ohnehin ohne Zweifel.

Freundliche Stimme: Was immer Sie von Ihrem Hund wollen, sagen Sie es ihm zuerst freundlich. Jedes freundliche »Sitz«, »Platz« und auch jedes andere gesprochene Kommando zeigt Respekt und Wertschätzung. Sagen Sie es erst dann bestimmter, wenn er darauf nicht hört. Geben Sie ihm die Chance, auf eine nette Anweisung zu reagieren. Überprüfen Sie, ob Sie im Alltag freundlich mit Ihrem Hund sprechen. Ziehen Sie ihm freundlich das Halsband an, fragen Sie freundlich nach seiner Pfote und rufen Sie ihn freundlich zu sich. Der Vorteil davon ist, wenn Sie sich bemühen freundlich mit Ihrem Hund zu reden, werden Sie automatisch freundlich in Ihrer Ausstrahlung. Das lieben Hunde über alles und geben Ihnen diese Freude zurück.

Bestimmte Stimme: In brenzligen Situationen darf Ihre Stimme bestimmter klingen, aber soll immer noch freundlich bleiben. Überprüfen Sie ruhig, ob die Stimmlage wirklich zur Situation passt. In Notfällen sollte nämlich Ihre Stimme anders klingen, als wenn Sie Ihren Hund zum Essen rufen. Üben Sie das »nett und bestimmt«-Rufen mit einem Bekannten oder Freund. Stellen Sie sich vor, er wäre Ihr Hund, der gerade über die Straße läuft. Fühlen Sie sich in diese Situation hinein. Wenn Sie bereit sind, rufen Sie »Stopp«, »Zurück« oder »Hier« mit dem Ziel, Ihren Freund von der Straße zurückzulocken. Fragen Sie nun Ihren Freund, wie das Kommando auf ihn gewirkt hat. Fühlt er sich von Ihrem Rufen eingeschüchtert? Klingen Sie verzweifelt oder hysterisch? Wirken Sie böse auf ihn? Wenn dies zutrifft, schaffen Sie es wahrscheinlich nicht, dass er zu Ihnen zurückkommt. Nur wenn Sie nett und gleichzeitig bestimmt sprechen, wird Ihr Hund das gewünschte Verhalten zeigen oder überhaupt gleich zu Ihnen angelaufen kommen.

Zögernde Stimme: Hunde hören sehr sensibel, wenn die Stimme zittrig oder zögerlich klingt. Es zeigt ihnen, dass Sie sich unsicher fühlen. In diesem Moment wissen sie nicht, was Sie wollen und was ihre Aufgabe ist. Das bedeutet, dass Sie Ihre ruhige Ausstrahlung und damit Ihre Autorität und die Führungsposition verlieren. Ihr Hund befürchtet, sich nicht auf Sie verlassen zu können und glaubt, selbstständig handeln zu müssen. Er übernimmt die Führung für diese eine Situation. Klingt Ihre Stimme zögerlich, so ist es das beste Mittel, tief durchzuatmen, vielleicht mehrmals, und es dann erneut zu probieren. Sie können dabei auch die Augen schließen, wenn es Ihnen leichter fällt. Meistens wird Ihre Anweisung dann bestimmter klingen und Ihr Hund weiß wieder, was gemeint ist.

Begeisterte Stimme: Wollen Sie ihrem Hund etwas Neues beibringen oder ihn einfach nur loben? Sagen Sie es begeistert! Diesen feinen Unterschied hört Ihr Hund heraus. Er fühlt sich in seinem Verhalten motiviert und bestätigt. Eine begeisterte Stimme empfindet Ihr Hund lobender als ein Leckerchen. Er hörte Ihre Freude heraus und tut alles, damit Sie mehr von dieser Begeisterung zeigen.

Praxistipp

Testen Sie Ihre Tonlage!
Suchen Sie sich ein Wort aus, das Sie im Zusammenhang mit Ihrem Hund nie benutzen, z.B. »Apfel«. Testen Sie nun, wie Ihr Hund auf Ihre Stimme reagiert. Sagen Sie »Apfel« mit ganz leiser Stimme. Was macht Ihr Hund? Wird er auf Sie aufmerksam? Machen Sie kurz Pause bis Ihr Hund abgeschaltet hat und rufen Sie dann aus einem anderen Zimmer voller Begeisterung »Aaaapfeeeeel«. Schon wird Ihr Hund angerannt kommen! Rufen Sie zu guter Letzt bestimmt »Apfel«. Ihr Hund wird erstarren und sich vielleicht vor Ihnen hinsetzen oder hinlegen. Sie sehen, das Wort spielt nur eine nebensächliche Rolle, der Ton macht die Musik.

Ihre Körpersprache richtig einsetzen

Mit Ihrem Körper steuern Sie das Verhalten Ihres Hundes. Sie geben an, in welche Richtung es geht, ob er zu Ihnen zurückkommen oder sich entfernen soll. Sie können ihn mit Ihrer Körpersprache stressen, beruhigen, Aufmerksamkeit auf sich ziehen oder aber auch Ihren Hund auf Distanz halten. Hunde reagieren instinktiv mehr auf Körperbewegungen als auf Wortkommandos. Die Kommunikation via Körpersprache kennen Hunde von Interaktionen mit anderen Hunden, sie ist sozusagen ihre Muttersprache. Wortkommandos müssen sie lernen, es ist und bleibt also eine Fremdsprache für sie, auch wenn diese gut gelernt ist. Körpersprache ist für einen Hund daher oft zuverlässiger, als Stimmkommandos es sein können.

Setzen Sie über einen längeren Zeitraum Ihre Körpersprache falsch ein, reagiert Ihr Hund kaum mehr auf sie. Er hat sich nämlich damit abgefunden, dass er Ihre Zeichen nicht verstehen kann, sie haben daher keine Bedeutung mehr für ihn. In so einem Fall können Sie nur mehr auf Ihre Stimme zurückgreifen, um ihm Anweisungen zu geben, was die Kommunikationsmöglichkeiten mit Ihrem Vierbeiner sehr einschränkt.

Ein Vorteil richtig eingesetzter Körpersprache ist, dass Ihr Hund immer wieder zu Ihnen aufschauen wird. Er weiß, dass Ihr Körper mit ihm redet, er wird also immer wieder mit Ihnen in Kontakt treten wollen. Kommunizieren Sie nur über die Stimme mit ihm, wird er sich im Wald sehr bald nicht mehr zu Ihnen umdrehen und Sie werden immer mehr und immer lauter mit ihm reden müssen, um ein wenig mehr an Aufmerksamkeit zu bekommen.

Hier ein kurzer Überblick wie Ihr Körper auf Ihren Vierbeiner wirkt:

Schulterhaltung	→	Hund bewegt sich in die Richtung der Schultern
Blickrichtung	→	Hund bewegt sich zum fixierten Gegenstand hin
Auf den Hund zugehen	→	Hund fühlt sich bedroht, flüchtet, greift an
Sich vom Hund entfernen	→	Hund kommt zum Besitzer zurück
Hektische Bewegung	→	Hund ist überfordert, hektisch oder resigniert
Langsame Bewegung	→	Hund ist aufmerksam, beruhigt sich
Klare Handzeichen	→	Hund erhält konkretere Anweisungen

Schulterhaltung: In die Richtung, in die Ihre Schultern zeigen, dorthin bewegen Sie sich. Ihr Hund versteht sehr schnell, dass Ihre Schultern den Weg angeben. Hunde empfinden es beispielsweise als verwirrend, wenn sich Ihr Besitzer zu ihnen umdreht und sie ruft, noch verwirrender ist es aber, wenn Sie dabei noch auf ihn zugehen. Besser ist, wenn Sie sich nur kurz zu Ihrem Hund hindrehen, um mit ihm Kontakt aufzunehmen, dann sofort Ihre Schultern in die Richtung drehen, in die der Hund laufen soll, und einfach weitergehen. Erst dann rufen Sie Ihren Hund mit der Stimme. Er wird sofort verstehen, worum es geht, und nachgelaufen kommen.

Blickrichtung: Arbeitshunde wie Border Collies reagieren sehr stark auf die Blickrichtung, aber auch andere Hunderassen achten sehr sensibel auf Ihre Augenbewegungen. Was wir anschauen, wird für unsere Hunde interessant, darin unterscheiden sie sich stark von Wölfen, die eher meiden, was wir Menschen anstarren. Ein praktisches Beispiel: Haben Sie mehrere Spielzeuge vor sich liegen, bewegt sich der Hund meistens auf dasjenige zu, das Sie am intensivsten anstarren. Machen Sie es im Alltag gleich und starren Sie nicht das Objekt an, zu dem er keinesfalls gehen soll. Anstatt Gefahrenquellen lange anzustarren, schauen Sie lieber weg. Blicken Sie lieber dorthin, wo die Aufmerksamkeit Ihres Hundes hingehen soll – also schauen Sie nicht den Kinderwagen an, drehen Sie Ihren Kopf woanders hin, beispielsweise um einen Baum zu fokussieren.

Auf den Hund zugehen: Hunde erkennen Bedrohungen daran, dass diese auf sie zusteuern. Nähert sich eine Gefahr, gehen auch Sie zuerst einmal aus dem Weg. Einige Hunde flüchten jedoch nicht, sondern beginnen damit, sich zu verteidigen und vielleicht zu knurren. Diese Reaktion steht für wenig Vertrauen in sich und den eigenen Rudelführer. Erlauben Sie fremden Menschen nicht, sich direkt auf Ihren Hund zuzubewegen. Sie sollten es in freundlicher Hundesprache machen, also entweder im Bogen gehen oder langsam auf den Hund zugehen bzw. wenigstens den Hund nicht anstarren, wenn sie sich ihm nähern. Bleiben Sie idealerweise rund zwei Meter vor dem Hund stehen und lassen Sie ihn von sich aus zu Ihnen kommen. Nur so versteht der Hund, dass es sich um keine Gefahr handelt.

Sich vom Hund entfernen: Wollen Sie, dass Ihr Hund von sich aus zu Ihnen kommt, dann entfernen Sie sich von ihm! Besonders bei Welpen ist diese Rückwärtsbewegung, vom Hund weg, ein sehr einladendes Verhalten. Instinktiv folgen sie ihrer Mutter. Nutzen Sie dieses Folgeverhalten, um Ihrem Welpen die Anweisung »Komm« beizubringen. Erwachsene Hunde können Sie oftmals viel effizienter mit einer einladenden Rückwärtsbewegung, als mit einem scharfen »Hier« zurückrufen, insbesondere dann, wenn sie weit entfernt sind.

Hektische Bewegung: Das menschliche Auge sieht Farben und Formen, während das jägerisch-tierische Auge mehr auf

Bewegung eingestellt ist. Wenn Sie Ihren Hund zurückrufen, sucht er zuerst nach einer Person, die sich bewegt. Zugleich fühlen sich Hunde aber von schnellen und hektischen Bewegungen überfordert. Reduzieren und verlangsamen Sie Ihre Bewegungen daher so weit wie nur möglich, wenn Sie die Konzentration und Aufmerksamkeit Ihres Hundes auf sich lenken wollen.

Langsame Bewegung: Langsame Bewegungen erleichtern es Ihrem Hund, sich ein ganzes Bild von Ihnen und Ihren Anweisungen zu machen. Es fällt ihm leichter zu erkennen, was Sie nun von ihm wollen, als wenn Sie nur mit der Stimme Anweisungen geben. Langsamkeit wirkt zusätzlich beruhigend, was beim Umgang mit einem überdrehten Hund Wunder bewirken kann.

Klare Handzeichen und Mimik geben: Hunde reagieren wesentlich besser auf Handzeichen als auf Stimmsignale. Der Grund dafür liegt wiederum in der Natur des Hundes: Bewegungen sind für ihn wichtiger als Geräusche. Geräusche zeigen nur, dass etwas da ist – eine Bewegung signalisiert hingegen, wo der Gegenstand oder Mensch sich befindet. Hunde haben es schwer, unsere Mimik und Handzeichen intuitiv zu deuten – man muss ihnen wie bei einem Stimmkommando beibringen, wofür eine Handbewegung steht. Sie lernen sehr rasch. Schauen wir sie mit angespanntem Gesicht an, wissen Sie, dass wir böse sind. Lächeln wir sie an, wedeln sie erwartungsvoll mit dem Schwanz.

Anmerkung: Hunde lassen sich im Vergleich zu Pferden und anderen Haustieren nicht immer gerne anfassen. Klar mögen sie Streicheleinheiten und engen Körperkontakt, aber eben nicht immer. Besonders bei fremden Menschen reagieren sie daher mitunter mit Resignation oder Aggression als Abwehr.

Praxistipp
Versuchen Sie einen Tag lang, Ihren Hund mithilfe Ihrer Körpersprache anzusprechen. Sie dürfen Ihre Hände, Ihre Mimik und Ihren ganzen Körper einsetzen, um Ihrem Hund klarzumachen, was Sie sich gerade wünschen. Lassen Sie aber die Stimme weg! Verwenden Sie keine Laute. Lassen Sie sich davon überraschen, wie aufmerksam Ihr Hund auf einmal wird und wie harmonisch der gemeinsame Tag abläuft. In einer Notsituation rufen Sie ihn aber bitte dennoch zusätzlich mit der Stimme zurück!

In einigen Hunderatgebern wird beschrieben, dass mit der Stimme und der Körpersprache die ganze Kommunikation abgedeckt ist. Leider ist das nicht so. Mit Stimme und Körpersprache können Sie zwar einiges bewirken, aber nicht viel. Sie können sich zwar mit Hunden verständigen, aber nur zu einem Drittel. Tiere sind hoch intuitive und sensible Wesen, die nicht nur mit den uns bekannten Sinnen kommunizieren, sie erspüren auch jene Botschaften, die in unserem Geist schlummern. Sie reagieren auf Bilder, Gedanken und Emotionen, die der Mensch entweder bewusst oder unbewusst kommuniziert.

Ihre visuellen Bilder richtig einsetzen

Tiere reagieren nicht nur auf Worte und Sichtzeichen, sondern insbesondere auf innere Bilder, die in unserem Kopf entstehen. Visuelle Bilder sind mentale »Fotos« oder kleine Szenen im Kopf, die Sie sich bei geöffneten oder geschlossenen Augen vorstellen. Wie genau nimmt Ihr Hund diese wahr?

Hunde sind sehr empfänglich für die Botschaften ihres Besitzers. Diese Botschaften beschränken sich nicht nur auf die Sprache oder Körperzeichen, sondern gehen darüber hinaus. Sagen Sie beispielsweise Ihrem Hund »Platz«, haben jedoch gleichzeitig ein Bild davon im Kopf, wie er über die Wiese rennt, muss der Hund selbst entscheiden, was er tun soll. Er nimmt beide Anweisungen wahr und reagiert daher in den meisten Fällen mit Verwirrung oder einem Verhalten, das Sie nicht von ihm erwarten. Es fehlt ihm an Klarheit.

Während Ihr Hund bei der Kommunikation mit Stimme und Körper anwesend sein muss, um diese Signale zu deuten und zu verstehen, bedarf es bei visuellen Bildern, Gedanken und Gefühlen keiner persönlichen Anwesenheit. Sie können Ihrem Hund also vom Büro aus Bilder schicken, dass Sie heute etwas später nach Hause kommen oder dass die Nachbarin ihn bald zum Gassigehen abholen kommt. Hunde können über weite Entfernungen die mentalen Bilder ihrer Besitzer lesen. Diese Gabe erforschte bereits der englische Biologe und Wissenschaftler Rupert Sheldrake erfolgreich.

Praxistipp
Wenn Sie von Nasenarbeit begeistert sind, dann probieren Sie dieses Mal etwas anderes aus. Verstecken Sie einen Gegenstand, den Ihr Hund suchen muss. Selbstverständlich können Sie beim ersten Versuch als zusätzliche Hilfe eine Duftspur legen. Probieren Sie aber beim zweiten Versuch etwas Neues und verstecken Sie ein Spielzeug ganz woanders. Schicken Sie ihm dann immer wieder das Bild von dem Ort, an dem sich der Gegenstand befindet, den er finden soll. Beobachten Sie, wie schnell und zielgerichtet er zu diesem Gegenstand läuft.

Ihre Gedanken richtig einsetzen

Visuelle Bilder und Szenen im Kopf sind in Wirklichkeit Mini-Gedanken. Ein visuelles Bild ist wie ein Foto, das mental in Ihrem Kopf entsteht. Gedanken können aber auch ganze Worte oder sogar Sätze im Kopf entstehen lassen.

Indianische Stämme nutzten beim Jagdreiten Ihrer Pferde reines Mentaltraining, das bedeutet, dass der Reiter nicht nur körperlich mit dem Pferd kommuniziert, sondern vielmehr geistig. Sie waren darauf angewiesen, sich telepathisch mit dem Pferd zu verständigen. Ihren Körper brauchten sie nämlich dafür, um das gejagte Tier zu fangen oder zu töten. Mit anderen Reitern kommunizierten sie mit ihrer Stimme. Für die Kommunikation mit dem Pferd waren die Stimme und die Körpersprache daher bereits »besetzt«. Die Lösung: Der Austausch über Gedanken. Das, was sich der Reiter von seinem Pferd wünscht, stellt er sich vor und das Tier setzt es um.

In einem erfolgreichen Versuch haben Forscher im Flight-Simulator ein Flugzeug allein durch die Kraft der Gedanken gelenkt. Das Denken übersetzte der Computer in eine Handlung, die die Maschine zum Fliegen und Landen brachte. Hirnforscher haben festgestellt, dass durch den Kopf des Menschen am Tag durchschnittlich rund 60.000 Gedanken fließen. Damit der Gedankenaustausch zuverlässig funktioniert, ist es wichtig, dass Sie einen klaren Kopf bewahren können. Wir haben es uns auch angeeignet, sehr komplex und unbewusst zu denken. Im Alltag denken wir sehr zerstreut und werden von chronischem »Gedankenlärm« regelrecht überfallen. Einem Hund fällt es schwer, Ihnen dabei zu folgen. Sie haben kein Interesse an Gedanken, die komplex und unnötig sind. Sie bevorzugen klare und einfache Gedanken, die relevant sind. Sie müssen also im Geist klar »durchputzen«, bevor Sie mit Ihrem Hund kommunizieren können.

Wollen sie beispielsweise Ihrem Hund das Kommando »Sitz« beibringen, denken aber gleichzeitig daran, den Geschirrspüler auszuräumen, die Pflanzen zu gießen und danach Staub zu saugen, so senden Sie Ihrem Vierbeiner verwirrende und unklare Botschaften. Kein Wunder, dass viele Hunde die Lust darauf verlieren, zu folgen und die Anweisungen ihres Besitzers auszuführen (was sie eigentlich gerne machen würden). Damit es klappt, müssen Sie mental ins Hier und Jetzt kommen. Das bedeutet, dass Sie sich voll und ganz auf die Situation fokussieren, in der Sie sich gerade befinden. Denken Sie daher nicht mehr an Vergangenes oder Zukünftiges, sondern daran, was Sie Ihrem Hund kommunizieren wollen, denn erst dann können Sie sich mit Ihrem Hund mental verständigen.

Hilfreich ist es, sich dafür mentale und meditative Techniken anzueignen, mit denen der Gedankenlärm abgeschaltet oder reduziert werden kann, damit Sie geistig klar werden und mit der mentalen Kommunikation beginnen können.

Praxistipp

Beginnen Sie langsam, beispielsweise bei einem Spaziergang im Wald. Wünschen Sie sich von Ihrem Hund, der vor Ihnen läuft, dass er die linke Abzweigung nimmt, formen Sie diesen Gedanken klar im Kopf: »Wir gehen jetzt nach links.« Seien Sie nicht enttäuscht, wenn es nicht gleich klappt. Mit der Zeit und der Übung fassen Sie Ihren Gedanken immer schneller und Ihr Hund gewöhnt sich an die telepathische Kommunikation. Wichtig für diese »mentalen Befehle« ist, dass Sie vorher im Kopf »leer« werden. Atmen Sie dazu mehrmals ein und aus und nehmen Sie sich bewusst vor, die Gedanken des Alltags loszulassen. Beginnen Sie erst dann, Ihre Gedanken Ihrem Hund zukommen zu lassen. Sie können auch gleichzeitig mit visuellen Bildern arbeiten: Schicken Sie ihm dazu ein visuelles Bild vom Weg, der nach links geht.

Ihre Gefühle richtig einsetzen

Hunde spüren, wie es Ihnen geht, sie spüren Ihre Emotionen. Sie sind sehr intuitive und gefühlvolle Gruppentiere und verlassen sich stets darauf, was sie empfinden.

Gefühle sind authentisch, Sicht- und Hörsignale sind es jedoch nicht. Haben Sie Angst, sind Sie nun einmal ängstlich. Hunde spüren diese Angst, egal ob Sie gleichzeitig selbstbewusst mit erhobenem Oberkörper stehen oder mit ihrer Stimme immer noch freundlich mit ihm sprechen. Das Gefühl dominiert, weil es sich stärker überträgt.

Nicht nur Angst überträgt sich vom Menschen zum Hund, auch alle anderen Gefühle: Begeisterung, Liebe, Freude, Leichtigkeit, Trauer und Selbstmitleid. Hunde, die mit einem depressiven Menschen zusammenleben, spiegeln oft diesen Zustand des Besitzers und verhalten sich selbst apathisch oder vielleicht sogar übereuphorisch, um zu kompensieren.

Ihr Gefühlszustand spielt natürlich auch im Training eine große Rolle. Wollen Sie Ihrem Hund beispielsweise beibringen, entspannt an der Leine einen Spaziergang mit Ihnen zu machen, so werden Sie dieses Vorhaben schwer umsetzen können, wenn Sie dabei selbst nicht entspannt sind. Sie können natürlich Ihre Angespanntheit lösen, indem Sie ihm mentale Bilder oder Gedanken von Ruhe und Entspanntheit zukommen lassen. Es kann auch sein, dass Sie die Situation ein wenig entschärfen. Den Hund haben Sie aber erst dann im Griff, wenn Ihre Gefühle mit Ihren Bildern, Gedanken, der Stimme und dem Körper harmonieren. Trifft dies nicht zu, senden Sie Ihrem Vierbeiner unklare Signale, die er schwer deuten kann. Meistens erzielen Sie dann ein unerwünschtes Verhalten bei Ihrem Haustier.

Praxistipp

Testen Sie immer wieder, wie sehr Ihr Vierbeiner auf Ihre Emotionen anspricht. Wie reagiert er, wenn Sie glücklich und voller Freude sind? Wie ist seine Reaktion, wenn Sie traurig oder wütend sind? Gibt es Situationen mit Ihrem Vierbeiner, die Sie stressen, dann probieren Sie etwas anderes aus. Versuchen Sie sich, in der gleichen Situation anders zu fühlen. Nehmen sie sich vor, nicht mehr gestresst zu sein, sondern ruhig und friedlich zu bleiben. Hilfreich ist es, tiefer und langsamer zu atmen. Kommen in der Situation kurz Gefühle von Stress und Anspannung wieder hoch? Atmen Sie weiter ein und aus und beobachten Sie Ihre Emotionen. Lassen Sie sich nicht ablenken. Beobachten und atmen Sie solange in die Emotion ein, bis sie von alleine leichter wird. Sehen Sie, wie Ihr Hund darauf reagiert.

Hunde nehmen vieles beim Menschen wahr, wovon wir bisher nicht ausgegangen sind. Der Großteil der Kommunikation passiert schätzungsweise über Gedanken und Gefühle, nur etwas mehr als ein Drittel entfällt auf Stimme und Körpersprache. Sie unterstreichen eine Botschaft eher, anstatt sie wirklich zu übermitteln.

Ein Großteil der Kommunikation betrifft Gefühle und Gedanken

Während ein Hund stets mit seinen Gefühlen verbunden ist, ist es ein Mensch nicht immer. Wir haben schon frühzeitig gelernt, Gefühle zu unterdrücken, nicht wahrzunehmen und

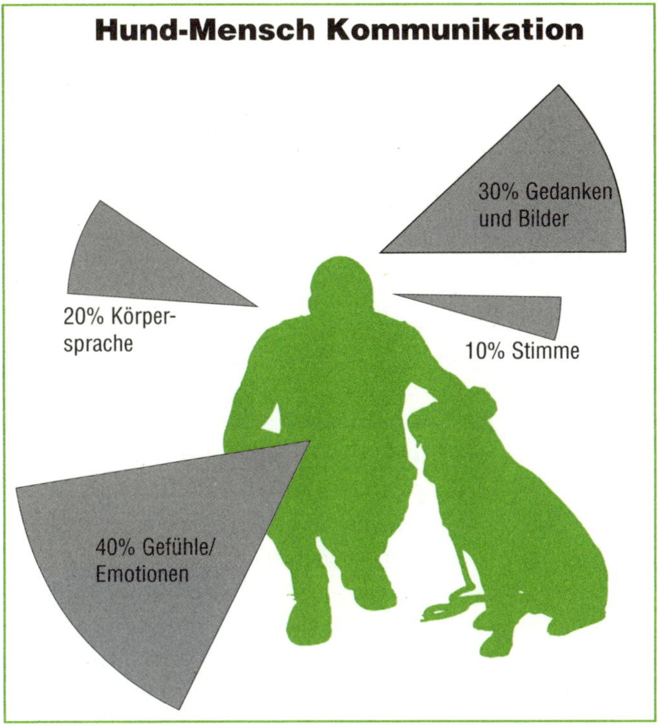

Der Großteil der Kommunikation betrifft Gefühle und Gedanken (70%)

uns von ihnen abzugrenzen. Sie sehen daher, dass es wichtig ist, sich Ihrer eigenen Gefühle bewusst zu werden, um Verhaltensprobleme bei Ihrem Hund zu lösen und harmonischer mit ihm kommunizieren zu können.

Aufrichtig kommunizieren

Aufrichtig, also ganzheitlich oder einheitlich zu kommunizieren bedeutet, Ihrem Hund mit Ihren Gefühlen, Gedanken, Bildern, der Körpersprache und der Stimme einheitlich und geradlinig zu begegnen. Jagt Ihr Hund gerade einem Hasen hinterher und wollen Sie das mit einem lauten »Stopp« unterbinden, so versteht Sie Ihr Hund nicht, wenn Sie gleichzeitig denken »Er kommt eh nie zurück«, dabei Gefühle von »Angst« spüren (er könnte über die Straße laufen) und sich schlussendlich noch vorstellen, dass er den »Hasen bald frisst«. Schlimmer kann es sogar werden, wenn Sie ihm nachlaufen, damit er wieder zu Ihnen zurückkommt. Ihr Hund wird Ihre Signale eventuell wahrnehmen, aber sie sind so unpräzise und konträr, dass er nichts damit anfangen kann. Daher wird er selbst entscheiden, was zu tun ist: weiterjagen, das macht wenigstens Spaß.

Sie wirken dann authentisch und überzeugend, wenn Sie mit allen Kommunikationskanälen die gleichen Signale aussenden. Manchmal reicht die Stimme oder der Körper, doch vielleicht haben Sie auch Lust, noch wirksamer mit Ihrem Vierbeiner zu kommunizieren. Das Zusammenleben wird dadurch einfacher und harmonischer, wenn sie noch verbundener miteinander interagieren können.

Praxistipp

Wollen Sie Ihrem Hund eine bestimmte Botschaft vermitteln oder ein Verhalten kommunizieren, das Sie sich von ihm wünschen? Probieren Sie es dieses Mal aufrichtig.

1. Schritt: Die erste Frage ist: Was will ich von meinem Hund? Was will ich ihm sagen?

   Wie fühle ich mich? Welches meiner Gefühle soll er wahrnehmen? Sehen Sie das Bild mental oder spüren Sie die Emotion in Ihnen, bis es für Sie klar wird.

2. Schritt: Verbinden Sie sich mit Ihrem Hund, indem Sie ihm in die Augen schauen. Ist er nicht vor Ihnen, können Sie sich seine Augen einfach vorstellen.

3. Schritt: Stellen Sie sich vor, wie Ihre Bilder, Gefühle und Gedanken sich in einer Luftblase befinden, die auf Ihren Hund zusteuert. Die Gefühle gehen zu seinem Herzen, die Gedanken und Bilder zu seinem Kopf.

4. Schritt: Geben Sie Ihrem Hund nun zusätzlich das Handzeichen und die Stimmanweisung für das, was Sie Ihrem Hund sagen wollen.

Jeder Hund wird anders reagieren. Die ersten Male werden Sie alle vier Schritte durchführen müssen, damit Sie eine Reaktion bei Ihrem Hund erkennen können. Das bedeutet nicht, dass Ihr Hund nicht früher reagiert, sondern, dass Sie Ihr Auge und Ihre Empfindung schulen müssen, um seine Reaktionen zu erkennen. Gleichzeitig lernt Ihr Hund bei jedem Durchgang dieser Übung konkreter zu reagieren und Ihre Gefühle, Gedanken und Bilder klarer wahrzunehmen. Sehr bald werden Sie den vierten Schritt gar nicht mehr brauchen, um mit ihm zu kommunizieren.

Achten Sie auf seine Reaktion!

Achten Sie darauf, dass Sie keinen Leistungsdruck aufbauen, denn dieser bringt negative Gefühle mit sich, die auch Ihr Hund wahrnehmen könnte.

Seien Sie einfach gespannt und aufmerksam, wie Ihr Hund reagiert. Wenn er nicht reagiert, ist das auch ein Zeichen für Sie: Die Botschaft ist schlichtweg noch nicht angelangt.

In seltenen Fällen scheint ein Hund wirklich absolut nichts mitzubekommen. Das kann fünf Gründe haben:

- Sein Körper spricht darauf nicht an, weil es ihm beispielsweise schaden würde.
- Ihr Hund ist gerade nicht aufmerksam.
- Ihr Hund hat negative Erfahrungen in der Vergangenheit gemacht, die eine seelische Wunde hinterlassen haben (Trauma).
- Ihr Hund hat gelernt, nicht auf Sie zu hören, weil Ihre Kommunikation unangenehm oder verwirrend ist (laute Sprache, hektische Bewegungen etc.).
- Ihr Hund sieht Sie nicht als seinen Rudelführer, er nimmt Sie nicht ernst. In so einem Fall empfehlen wir Ihnen, die Führung zu übernehmen.

Sie haben nun den Schlüssel für eine aufrichtige und wirksame Kommunikation mit Ihrem Vierbeiner in der Hand. Sie verstehen, dass Ihr Hund weniger auf sichtbare Signale reagiert, sondern mehr auf unsichtbare, die in Ihren mentalen Bildern, Gedanken und Gefühlen schlummern.

Im nächsten Kapitel erfahren Sie, wie Sie Ihrem Hund mithilfe der ganzheitlichen Kommunikation Manieren beibringen können. Sie lernen darüber hinaus auch, welche

Manieren Ihr Hund benötigt, um sich sicher und ausgeglichen in unserer Welt bewegen zu können. Vor allem informieren wir Sie darüber, worauf Sie unbedingt verzichten sollten: auf jede Art von psychischer und körperlicher Gewalt. Hunde folgen nämlich lieber aus Freude und Lust, anstatt aus Angst und Schmerz.

V. DIE PÄDAGOGISCHEN BEDÜRFNISSE ERFÜLLEN

Gefühlvoll erziehen und die wichtigsten Manieren beibringen

Die Sonne schafft es knapp, die Wolken und den Nebel zu durchbrechen und hinterlässt mit ihren vereinzelten Strahlen eine mystische Landschaft voller Magie und Träumereien. Stellenweise steht man über dem Nebel und hat unter sich ein weißes Meer, das alles Böse, alles Schädliche zu überdecken scheint. Leichtigkeit, das ist das Wort, das diese Stimmung am besten beschreibt.

Es ist 7 Uhr in der Früh und da ist sie schon: Aus dem tiefsten Nebel taucht die erste Hundebesitzerin mit ihrem Vierbeiner auf. Eine ältere Dame, die schon gut über 70 sein müsste. Jeden Vormittag schafft sie es gemeinsam mit ihrem Pekinesen den Berg hinaufzuklettern, um die ersten Sonnenstrahlen auf der Wiese zu genießen. Je nach Jahreszeit trägt sie eine dunkelgrüne Jägerjacke, eine leichte Bluse, eine knallgelbe Regenjacke oder ihre dicke Daunenjacke. Ihr Hund ist mit seinem eigenen Mantel farblich auf sie abgestimmt. Die zwei sind ein Team, zumindest in optischer Hinsicht.

Beide steigen langsam den letzten kleinen Hügel am Ende der Wiese hinauf, in ihrem Tempo, ganz in der Ruhe, nebeneinander. Sie haben Zeit, die Sonne beginnt, durch den Nebel zu dringen. Die Besitzerin keucht, der Hund keucht und plötzlich gibt es eine deutliche Pause. Kein Geräusch ist zu hören. Was ist los? Sind beide umgefallen? Nein! Da stehen sie noch. Sie halten beide inne und bewundern die unendliche Wiese. Jeden Tag bewundern sie diesen Panoramablick und doch freuen sie sich immer wieder aufs Neue darauf. »Sie sieht immer anders aus, die grasgrüne Naturlandschaft«, so die ältere Dame. »Ich liebe es.«

Beide atmen weiter und sind glücklich darüber, die Wiese wieder einmal erreicht zu haben. Nun halten sie Ausschau nach ihrer gewohnten Bank und setzen sich hin. Nach gemessenen drei Sekunden winselt der Pekinese kurz. Frauli versteht ihn, beugt sich langsam zu ihm hin, nimmt ihn mit ihren zierlichen Händen unter dem Bauch und hebt ihn auf ihren Schoß. Diesen Ablauf scheint er zu kennen. Er erstarrt bis er auf dem Schoß ist, dreht dort eine Runde und legt sich, mit einem Seufzer, eingerollt hin. Es ist faszinierend, wie beide aufeinander abgestimmt sind!

Der Frieden wird jedoch bald unterbrochen. Die letzten Rehe springen flüchtig von der Wiese in den Wald zurück, der Pekinese öffnet ein Auge, hebt den Kopf an und spitzt die Ohren. Er ist angespannt, fast ängstlich. Negative Energie nähert sich und stört das Bild der Ruhe. Nun nehme auch ich die Störung wahr, aus der Ferne sind laute Schreie zu hören: »Hier«, »Nein«, »Bleib da«, »Zurück«. Erste gestresste Hundebesitzer sind unterwegs. Bevor sie in die Arbeit fahren, erfüllen Sie gezwungenermaßen ihre Gassi-Pflicht. Von den ersten Morgenstaus bereits gereizt, kommen sie nun völlig aufgedreht und unter Zeitdruck mit ihren Hunden auf die Wiese.

Der Pekinese wird ungeduldig und versucht sein Frauli aufzuwecken. Zuerst starrt er sie an – keine Reaktion. Nun knurrt und bellt er leicht – immer noch keine Reaktion. Er dreht sich auf ihrem Schoß hin und her und da sie immer noch nicht reagiert, schleckt er ihr die Backe ab. Nun wacht die Dame auf, schaut ihren Hund glücklich an und erkennt sofort, dass etwas nicht stimmt. Nie ist ihr Hund so »störend«, da muss etwas sein. Sie versteht, was der Hund ihr sagen will und verschwindet schnell mit ihm von der Wiese.

Die Schreie der Männer und Frauen kommen immer näher, mit ihnen auch Metallgeklapper und Gebell. Sie sind nur mehr wenige Meter von der Wiese entfernt und dann treten sie auch schon in Erscheinung: drei stolze Jagdhunde rennen über die Wiese. Sie sind dünn, fast abgemagert und haben Eisenketten um den Hals. Der Stress ist ihnen am ganzen Körper abzulesen. Die Zunge hängt herunter, die Augen sind ungeduldig, die Ohren gespitzt. Sie rennen, weil sie flüchten. Wovor flüchten sie denn? Vor ihren Besitzern! Mit Stress können Tiere nichts anfangen, den brauchen sie nicht, sie leiden nur darunter. In solchen Situationen machen sie das einzige Richtige: Sie entgehen dem Stress, indem sie ihm einfach davonrennen. Manchmal tragen sie jedoch auch den Stress des Besitzers in Leib und Seele mit.

Fünf Minuten später erreichen endlich die Besitzer die Wiese. Sie sehen erschöpft aus, nicht nur körperlich, sie wirken auch psychisch am Ende. Die Hunde beachten sie nicht, auf Kommandos hören sie überhaupt nicht. Sie drehen sich nicht einmal zu ihnen um, kein einziges Mal. Sie bellen nur, kämpfen und rennen. Zwischendurch schütteln sie sich, sabbern und rennen wieder los. Einer der Besitzer sagt mit falscher fröhlicher Stimme: »Schau wie glücklich meiner ist, er grinst.« Nein, das ist kein Grinsen, das sind Stressfalten! Und schon verschwinden die Hunde wieder im Wald, die Besitzer bewegen sich schreiend hinterher. Was für ein Tagesbeginn …

Am späteren Nachmittag wird es so richtig spannend, denn nun kommen die Hundebesitzer von der Arbeit zu-

rück. Vom schlechten Gewissen getrieben, gehen sie sofort mit ihrem Hund in den Wald spazieren. Von der entspannenden und reinen Atmosphäre vom frühen Vormittag sind wir weit entfernt. Die Luft ist schwer, die Sonne schon fast zu stark und die Gesichter der Hundebesitzer verkrampft, deren Hunde sind es auch. Sie sind voller Energie, wissen aber nicht, was sie damit machen sollen. Die ersten Hunde sind an der Leine, an der kurzen Leine, sie dürfen nicht schnüffeln, nicht stehen bleiben, nicht schauen, nicht vom Weg runter, nichts. »Erziehung« nennen das die Besitzer, diese Hunde müssen einfach nur gehen.

Bei Begegnungen mit anderen angeleinten Hunden steigt die Spannung. Die Hunde sehen sich aus der Ferne, einer bleibt stehen und wird sofort mit dem Halsband weitergezogen. Der andere Hund geht etwas im Slalom hin und her und tut so, als wolle er schnüffeln, doch das passt seinem Besitzer nicht. Er muss jetzt gehen und wird ebenfalls mithilfe des Halsbands weitergezogen. Die Hunde werden beide gezogen, das Halsband schmerzt, die Situation ist ihnen unangenehm. Je näher die Hunde einander kommen, desto unruhiger werden sie. Die Besitzer werden immer hektischer, scheinbar aus Angst, was der andere wohl von ihnen denken soll. Sie sind die Alphatiere, der Hund muss parieren, die Hunde sehen das aber anders. Sie versuchen mit allen Mitteln, ihre Unruhe zu verarbeiten, indem sie schnüffeln, sich hinsetzen und umdrehen wollen. Die Besitzer wollen das unterbinden, es gibt immer mehr Leinenruck, immer mehr Schmerz, immer mehr Unruhe. Die Folge davon ist, dass die Hunde plötzlich ihre ganze aufgestaute Energie und den Frust loslassen. Das geschieht häufig mit Bellen, Knurren und dem Angriff auf einen anderen Hund. »Ich habe dir doch gesagt, du sollst weitergehen!« Das hilft dem Hund nicht wirklich. Jedes Mal, wenn er einen anderen Hund sieht, ist es das gleiche: Schmerz am Halsband. Der Besitzer des Hundes beharrt auf seiner Rolle als Hundeboss und hat in der Hundeschule gelernt, dass er mit mehr Druck und Gewalt die Situation in den Griff bekommt, schließlich geht es um Erziehung. Die Frage ist nur: Wer muss hier erzogen werden?

Jemand, der Tiere quält, wird auch hart im Umgang mit Menschen. Wir können das Herz eines Menschen danach beurteilen, wie er Tiere behandelt.
(IMMANUEL KANT)

Menschen klagen oft über ihr komplexes und reizüberflutetes Leben, Ihrem Hund geht es nicht anders. Die richtigen Manieren mit klaren Regeln geben Ihrem Vierbeiner die Sicherheit und das Vertrauen, das er braucht, um sich in unserer komplexen Welt zurechtzufinden. Hunde sehnen sich nach einem Besitzer, der Klarheit und Ordnung in ihr Leben bringt. Alles andere führt zu Überforderung und Verhaltensstress.

Sie erinnern sich vielleicht daran, dass in einem Hunderudel unterschiedliche Rangordnungen, Rollen und Verantwortungsbereiche gelten. Der Rudelführer bestimmt den Tagesablauf und trifft die Entscheidungen über Futter, Bewegung und Erholung. Diese Rolle müssen Sie als Hundebesitzer übernehmen, denn ansonsten muss Ihr Hund es machen, was in der Regel immer in Konflikten und Stress ausartet. Wenn Sie Regeln für Ihren Hund geltend machen wollen, vertrauen Sie am besten Ihrer Intuition, anstatt sich auf pauschale Erziehungsregeln zu verlassen. Nur Sie wissen, was für Ihren Hund das Beste ist. Nur Sie wissen, was Sie und Ihr Hund brauchen.

Bringen Sie Ihrem Hund Manieren bei, statt am Gehorsam zu arbeiten. Zeigen Sie ihm, wie er sich in den verschiedensten Situationen angemessen zu verhalten hat. Hören Sie nicht auf allgemeine Regeln, die Ihnen vorschreiben, wie ein Hund zu erziehen ist. Spüren Sie stattdessen, welches Verhalten Ihnen guttut und von welchem Sie sich verabschieden wollen. Vergessen Sie dabei nicht, dass jeder Hund auch einen eigenen individuellen Charakter hat. Genauso wie jeder Mensch anders ist, haben auch Hunde das Recht auf ihre Eigenheiten. Wieso soll daher jede Hunde-Mensch-Beziehung gleich sein? Und wieso sollten dann für alle Hunde die gleichen Regeln gelten? Hören Sie auf Ihr Herz und prüfen Sie, was Ihnen und Ihrem Hund guttun würde.

Manieren haben nichts mit Unterwerfung, Bestrafung oder Unterdrückung zu tun. Manieren haben auch nichts mit Grundgehorsam und Obedience oder Schutzarbeit zu tun. Worin liegt der Unterschied? Manieren bringen Sie Ihrem Hund mit Liebe und Geduld bei. Wenn Sie ein Erziehungsseminar mit Ihrem Hund besuchen, in dem Sie Wörter wie »Abrichtung« oder »Unterwerfung« hören und Ihr Vierbeiner auf Kommando eine Puppe auseinanderreißen muss, dann fragen Sie sich doch vorher, ob ein gefühlvolles und intuitives Lebewesen das wirklich will und braucht. Bei Manieren geht es um etwas ganz anderes: Manieren braucht der Hund, um in der Welt des Menschen sicher und entspannt leben zu können.

Manieren brauchen keine Gewalt, keine Unterwerfung, keinen Druck und auch keine Abrichtung. Sie schaden dem Tier nicht, machen es nicht aggressiv oder verhaltensauffällig, sondern geben seinem Leben eine Struktur. Sie lehren Manieren mit Geduld, Respekt und Liebe. Sie missachten dabei nicht die Gefühle Ihres Vierbeiners und wenn er einmal einen Fehler macht, dann verzeihen Sie am besten mit Liebe.

Manieren gefühlvoll beibringen

Wenn Sie Ihrem Hund Manieren beibringen wollen, haben Sie erst dann Ihr Ziel erreicht, wenn der Vierbeiner diese aus Lust heraus befolgt und nicht aus Angst. Beobachten Sie daher, in welchem Gefühls- und Mentalzustand Sie Ihrem Hund ein Manierwort oder -signal beibringen. Hunde lernen dann am besten, wenn Sie mit einer freudigen, begeisterten und entspannten Energie lehren.

Unzählige neurowissenschaftliche Studien zeigen, dass das menschliche Hirn Inhalte und Informationen dauerhaft und schneller speichert, wenn dieser Stoff mit Interesse und Freude erworben wurde. Auch das Hirn Ihres Hundes arbeitet nicht anders. Macht es Ihrem Hund Spaß und Freude, was Sie ihm gerade beibringen? Oder tun Sie es vielleicht mehr für sich? Seien Sie ruhig kreativ und spielerisch beim Antrainieren von neuem Verhalten.

Zusätzlich zu dieser Freude und Begeisterung benötigt das Gehirn insbesondere in der Lernphase eine sofortige positive Erfahrung in Kombination mit dem Gelernten: eine Belohnung. Der Hund muss den Eindruck haben, dass das, was er da macht, gut ist, für ihn selbst, den Besitzer oder seine Umgebung. Hunde bevorzugen es beispielsweise, Besucher voller Freude anzuspringen, statt brav neben der Tür sitzend zu warten. Es liegt daher am Besitzer, herauszufinden, was dem Hund noch mehr Freude machen würde, als Gäste anzuspringen. Genau diese Herangehensweise ist gemeint, wenn wir Sie zur Kreativität auffordern.

Im Unterschied zum menschlichen Lernen lernen Hunde mehr ortsgebunden. Üben Sie beispielsweise ein »Sitz« im Wohnzimmer, heißt das noch lange nicht, dass sich Ihr Vierbeiner auch auf der Straße gleich hinsetzt. Das erklärt vielleicht auch, warum sich Hunde am Hundeplatz oft brav und wohlerzogen benehmen, Zuhause aber ihr altes Verhaltensmuster zeigen. Üben Sie wichtige Manieren daher an verschiedenen Orten.

Je öfter und abwechslungsreicher Sie etwas üben, desto mehr verfestigt sich die Lernerfahrung im Unterbewusstsein Ihres Hundes. Der Hund speichert neues Wissen vorübergehend im Kurzzeitgedächtnis, wenn es öfters abgerufen wird im Langzeitgedächtnis und schließlich im Unterbewusstsein.

Dort bleibt das Gelernte ein Leben lang erhalten und ist immer abrufbar.

Manieren gefühlvoll loben

Lob stärkt und motiviert, es ist daher enorm wichtig. Fragen Sie sich bei jedem Verhaltenszug Ihres Hundes, ob nun Lob angebracht wäre. Viele Menschen haben vergessen zu loben. Der Grund liegt meistens darin, dass sie selbst selten von Menschen gelobt wurden. Wir wurden für unser Tun häufig mehr negativ kritisiert und bewertet als gelobt. Doch mit Ihrem Hund können Sie Ihre Lobressourcen wieder aktivieren. Vierbeiner lieben Lob und tun alles, um noch mehr davon zu bekommen. Sie müssen damit beginnen, wieder mit Freude und Liebe zu leben. Ihr Hund muss es spüren, dass Sie es ernst meinen. Ihr Hund muss spüren, dass er etwas Gutes gemacht hat und dafür etwas von Ihnen bekommt. Wie können Sie angemessen loben?

Lob mit Leckerchen/Futter

Raubtiere in der Natur empfinden Futter als Belohnung. Es ist ein Zeichen dafür, dass Ihre Anstrengung in der Jagd erfolgreich war. Das Finden und Folgen von Fährten, das Müdelaufen und Hetzen der Beute fordert die ganze Energie des Tieres. Die Belohnung ist ein riesiger Haufen Fleisch, von dem sich die Hunde tagelang ernähren können.

Hunde, die mit dem Menschen zusammenleben, sehen Futter immer noch als Belohnung. Sie können beispielsweise ein freundliches »Sitz« von Ihrem Hund verlangen, bevor Sie ihm den Futternapf hinstellen. Hunde freuen sich darüber, sich das Fressen verdient zu haben.

Bringen Sie Ihrem Hund neue Manieren bei, so eignen sich kleine Futter-Leckerchen, die er nur dann erhält, wenn er Ihre neuen Anweisungen befolgt. Leckerchen sind besonders am Anfang einer Übung geeignet, als erste Motivationsquelle.

Hat Ihr Hund verstanden, was Sie von ihm wollen und führt er alles richtig aus, dann verzichten Sie immer mehr auf Leckerchen. Damit zeigen sie ihm, dass es nicht unbedingt um das Fressen, sondern um Sie geht. Er macht etwas für Sie, aus Liebe zu Ihnen und zu seiner Sicherheit – das sollte reichen. Wichtig ist, dass er von Anfang an spürt, dass es bei der Übung nicht um das Leckerchen geht. Setzen Sie Leckerchen daher gezielt als Belohnung für Neugelerntes ein und weniger zum Stillen des Hungergefühls.

Lob mit Stimme und Emotionen

Zeitgleich zur Gabe des Leckerchens loben Sie auch zunächst mit Ihrer Stimme, die positiv gestimmt und motivierend klingt. Sie setzen sie genau in diesem Moment ein, in dem Ihr Hund etwas richtig getan oder auch unterlassen hat. Mit der Zeit freut sich Ihr Hund mehr auf ein ernstgemeintes »Brav« als auf ein Leckerchen, das sie dann nur mehr gelegentlich zum Auffrischen einsetzen können.

Vergessen Sie dabei nicht, ganzheitlich zu kommunizieren, Ihrem Hund also mit der richtigen Körpersprache, den richtigen Gedanken und Gefühlen zu begegnen. Ein Leckerchen ist sicherlich ein guter Grund, um etwas zu tun. Der Respekt zum Besitzer, seiner Erfahrung und Weisheit, seiner natürlichen Autorität und Selbstsicherheit, seiner Liebe und Freude müssen aber noch mehr zum Vorschein kommen. Wichtig ist, dass Sie selbst spüren, was Sie Ihrem Hund sagen. Ihr Hund muss diese Freude spüren, wenn Sie ihn loben. Das Wort »brav« reicht nicht immer, Ihr Hund erwartet sich auch die passende Emotion dazu. Sie müssen jedoch auch nicht vor Freude springen, ein kleines Gefühl reicht aus. Wichtig ist, dass dieses Gefühl in Ihnen ist, denn nur dann kann Ihr Hund es auch spüren.

Lob mit Spiel/Spielzeug

Nach anstrengenden Übungen können Sie Ihren Vierbeiner mit seinem Lieblingsspielzeug oder -spiel belohnen. Geben Sie Ihrem Hund das, was er über alles liebt. Er hat sich gerade für Sie angestrengt und nun liegt es an Ihnen, sich um sein Wohl zu kümmern. Schenken Sie ihm das, was ihm am meisten Freude und Spaß bereitet.

Hunde bekommen insbesondere dann einen Motivationsschub, wenn Sie wissen, dass sie am Ende der Anstrengung Spiel und Freude erwartet. Geben Sie ihm aber seinen Lieblingsball erst dann, wenn er mit der Übung komplett fertig ist. Sobald er spielt, unterbrechen Sie ihn nicht mehr, sondern freuen Sie sich mit ihm. Bei Übungen, die für den Hund neu sind und immer wiederholt werden müssen, eignen sich freudige Belohnungsspiele weniger. Sie führen nämlich dazu, dass er abgelenkt wird und aufgeregt bleibt. So fällt es ihm schwer, sich auf die neue Übung zu konzentrieren und wahrhaftig mitzubekommen, worum es geht. Stimme und Leckerchen sind in solchen Fällen besser geeignet um zu loben.

Manieren gewaltfrei vermitteln

Bei Gewalt denken wir an Hunde, die gefoltert, gequält, geschlagen und mit Gegenständen beworfen werden. Gewalt passiert aber auch dann, wenn wir etwas zu böse sagen oder eine wichtige Handlung unterlassen. Lassen Sie beispielsweise einen Hund, der unter Trennungsangst leidet, den ganzen Tag winselnd und heulend zu Hause, üben Sie Gewalt aus. Auch bekannte Hundetrainer aus dem Fernsehen geben manchmal an, gewaltfrei zu arbeiten und doch sieht man plötzlich, dass Sie einen Hund ziehen, ihm Schmerzen zufügen, körperlichen Gegendruck ausüben oder psychischen Stress machen. Nicht unerwähnt bleiben sollen an dieser Stelle jene Halsbänder, die diese Trainer einsetzen, um Luft wegzunehmen sowie Schmerz und Druck zuzufügen.

Wir glauben, dass manchmal sehr brutale, aggressive und höchst unverträgliche Hunde einen starken Ruck benötigen, damit sie sich wieder beruhigen und wir mit ihnen weiterarbeiten können. Erstens sind diese Hunde jedoch nicht in der Mehrheit und zweitens sollten Sie sich selbst dabei beobachten, welches Gefühl Sie in sich tragen, wenn Sie so etwas tun. Meistens fühlen Sie sich dabei gestresst, verzweifelt oder wütend und somit werden Sie einen Hund auf diese Weise nicht dauerhaft glücklich erziehen können. Er braucht einen ruhigen, bestimmten und gefühlvollen Führer, der ihm mit Liebe, Weisheit und Bestimmtheit den Weg zeigt. Sie dürfen Ihrem Hund selbstverständlich zeigen, wenn er sich unangemessen verhält, aber nicht indem Sie Gewalt anwenden.

Viele Hundebesitzer verstehen die Botschaft, dass körperliche Gewalt in der Hundeerziehung keinen Platz hat. Weitgehend unbekannt und subtiler ist die psychische Gewalt, die manche Hundebesitzer ihrem Hund antun. Zwingen Sie Ihren Hund immer wieder zu etwas, das ihn dauerhaft psychisch stresst oder einschüchtert, üben Sie Gewalt aus. Muss er beispielsweise etwas immer wieder dulden oder hinnehmen, das ihm körperlichen, psychischen oder seelischen Schmerz bereitet, sprechen wir von Gewalt.

Hunde bestrafen richtig, Menschen falsch

Wenn Hunde aufeinander böse sind, tragen sie den Konflikt manchmal mit Gewalt aus. Viele würden daher meinen, dass es in der Natur des Hundes liegt, nicht nett zueinander zu sein. Nehmen wir einen gut verträglichen und sozialisierten Hund her, merken wir jedoch bei genauerem Hinsehen – für das menschliche Auge ist das nicht gleich sichtbar –, dass sie meistens kurz und vor allem nach mehrmaligem Verwarnen und im richtigen Zeitpunkt bestrafen. Danach ist auch wieder alles gut. Menschen tendieren hingegen dazu, viel zu lange, viel zu schnell und zu einem falschen Zeitpunkt zu reagieren.

Wenn wir bestrafen, lassen wir unsere Wut heraus, aber nicht nur die Wut für das Verhalten unseres Hundes in dieser Situation, sondern vielleicht auch jene Wut, die in uns ihr Dasein fristet, weil unser Partner uns betrogen hat, der Chef in der Arbeit uns missachtet und die Eltern einen nicht lieben.

Hundebesitzer glauben oftmals unbewusst, dass ihr Hund die Aufgabe eines Behälters hat, der menschlichen Frust, Ängste, Enttäuschungen und Beziehungsprobleme aufzufangen hat. Hunde sind keine Therapeuten, sie sind nicht der richtige Ansprechpartner für Ihre Beziehungsprobleme, Geldängste, Existenzsorgen und Neurosen. Machen Sie sich klar, dass Hunde nichts ersetzen können, was Sie von einem Menschen brauchen, das kann auf Dauer nicht funktionieren. Ein Hund kann Ihnen Liebe geben, aber nicht Sex und Intimität, die Sie sich vielleicht von einem Partner wünschen. Ein Hund kann Ihnen Aufmerksamkeit geben, aber nicht Anerkennung, die Sie sich von Ihrem Chef erwarten.

Ein Hund kann Ihnen mütterliche Gefühle geben, aber Ihren Kinderwunsch nicht ersetzen. Außerdem: Wer möchte schon ein Ersatz für etwas sein? Auch Tiere wollen niemanden ersetzen, sondern sie selbst sein dürfen.

Was sie jedoch schon machen, ist, sich um die Heilung und Entwicklung zu sorgen. Sie akzeptieren meistens ohne Widerrede das Fehlverhalten ihres Besitzers, meist aus Angst vor Konsequenzen, eigentlich jedoch aus bedingungsloser Liebe. Sie lieben ihn, egal wie er ist, auch wenn er nicht lieb ist. Selten kommt es vor, dass Hunde vor ihren Besitzern flüchten oder zurückbeißen. Wenn sie zu dieser Maßnahme greifen, dann meistens aus großer Verzweiflung und Schmerz. Dennoch zeigen Statistiken, dass die meisten gemeldeten Fälle von Hundebissen in der Familie passieren. Sie können sich wahrscheinlich vorstellen, wie viel bewusste oder unbewusste Gewalt der Besitzer seinem Hund zugefügt hat, damit es zu dieser aggressiven Reaktion kommen konnte.

Mit Gewalt lernen Hunde falsch

Wollen Sie Ihrem Hund ein neues Verhalten beibringen oder ein unerwünschtes abtrainieren und setzen dabei Gewalt ein, so werden Sie mit diesem Vorhaben scheitern. Warum? Gewalt führt zu körperlichem Stress, der Körper schüttet Hormone wie Adrenalin und Cortisol aus. Sauerstoff sowie Nährstoffe werden in die Muskeln gepumpt, damit der Hund sich verteidigen oder weglaufen kann. Das führt automatisch dazu, dass das Gehirn weniger mit Blut und seinen Nährstoffen sowie Sauerstoff versorgt wird, es gerät in den Stand-by-Modus. In diesem Sparmodus kann das Gehirn keine neuen Informationen mehr speichern, dafür fehlt ihm die Energie. Ihr Hund kann also nichts Neues lernen, sondern kurzzeitig nur aus Angst reagieren. Sie glauben vielleicht, dass Ihr Hund das alte unerwünschte Verhalten unterlässt, doch meist hält diese Änderung nur kurz an. Der Hund hat nämlich nichts gelernt, sein Hirn verknüpft lediglich, dass er etwas nicht machen darf, weil er dann Schmerzen bekommt. Ihr Hund weiß aber nicht, was genau und wann es wieder passiert. Was er allerdings lernt, ist, dass Sie kein zuverlässiger und gefühlvoller Rudelführer sind und auf keinen Fall natürliche Führungsstärke haben.

Ihr Hund wird mit der Zeit immer unsicherer, vertraut weniger oder zieht sich immer mehr zurück. Einige reagieren nicht mit dem Rückzug, sondern gleich mit Aggression. Sie wehren sich gegen die Umwelt und die Gewalt des Menschen, weil sie den Schmerz nicht ertragen und ihn durch Aggression loswerden müssen. Jene Hunde, die diese Aggression nicht zeigen dürfen, werden beispielsweise krank oder wünschen sich, zu gehen.

Das heißt aber nicht, dass Sie nicht auch einmal lauter oder bestimmter mit Ihrem Hund sein dürfen. Vor allem dann, wenn es sein Leben rettet oder das eines anderen. Das sind jedoch Ausnahmen und nicht die Regel. Wenn Sie gerade dabei sind, Ihren Hund zu erziehen, empfehlen wir Ihnen, mit der Aufmerksamkeit und einem Auge bei sich selbst zu bleiben. Überprüfen Sie, ob Sie etwas aus Liebe, aus Angst, Wut oder Frust tun. So können Sie besser für sich klären, ob Sie Ihr Verhalten Ihrem Hund gegenüber vertreten können.

Die fünf wichtigsten Manieren für Hunde

Sie kennen sicherlich viele Befehle, auf die ein Hund hören kann. Da weniger manchmal mehr ist, können Sie mit vier Befehlen Ihren Hund stets im Griff haben bzw. ihn stets in Sicherheit bringen und ihm auch fast alle Manieren beibringen, die er benötigt.

- »Ruhig sitzen« mit einem Sicht- und Hörsignal verknüpft,
- »Aufmerksamkeit richten« durch Schnalzen oder Änderung der Bewegungsrichtung,
- klares und zuverlässiges »Kommen« und
- »Nein«, das Sie nur in Ausnahme- und Notfällen benutzen, also nicht ständig und überall.

Wollen Sie Ihrem Hund ein neues Kommando oder Verhalten beibringen, gehen Sie am besten in der nachfolgend angeführten Reihenfolge vor.

Was will ich? Machen Sie sich klar, was Sie von Ihrem Hund wollen.	Wenn Sie wollen, dass Ihr Hund »Sitz« macht, dann werden Sie sich zuerst bewusst klar darüber, dass Sie sich genau das von ihm wünschen. Stellen Sie sich visuell das Bild vor, wie er bereits sitzt. Dadurch versteht Ihr Hund Sie noch besser.
Kann mein Hund das? Fragen Sie sich, ob Ihr Hund dazu in der Lage ist, den Befehl auszuführen.	Hunde können nicht auf einem Bein stehen, außerdem folgen sie nur schwer unter Ablenkung. Stellen Sie daher fest, ob Ihr Hund körperlich und geistig alle Voraussetzungen hat, um das neue Verhalten oder Kommando auszuführen.
Kann ich dir helfen? Überlegen Sie, wie Sie Ihren Hund dabei unterstützen können.	Stellen Sie sich weiterhin visuell vor, wie Ihr Hund bereits das Kommando ausgeführt hat und beispielsweise bereits sitzt. Helfen Sie Ihrem Hund dabei und locken Sie ihn schrittweise in die gewünschte Position.

Wann brauchst du Lob? Loben Sie Ihren Hund, wenn jede Bewegung richtig ist.	Sehen Sie, dass Ihr Hund bereits die Hinterpfoten leicht einknickt, um »Sitz« zu machen, loben Sie sofort. Loben Sie ihn für jeden kleinsten Schritt zum richtigen Ziel. Sie können mit Ihrer Stimme loben und bei sehr schwierigen Übungen auch mit einem Leckerchen.
Haben Sie Ihr Ziel erreicht? Erkennen Sie, wenn das Resultat eingetroffen ist.	Hat Ihr Hund das Ziel erreicht, dürfen Sie sich ruhig freuen. Zeigen Sie ihm und lassen Sie ihn spüren, dass er alles richtig gemacht hat. Loben Sie mit dem richtigen Wort und der richtigen Stimmlage.
Müssen Sie es wiederholen? Fragen Sie sich, ob mehr geübt werden muss.	Übung macht den Meister, bei Hunden ist eher die Wiederholung hilfreich. Wiederholen Sie nun öfters, was Sie gemeinsam gelernt und erarbeitet haben.
Nimmt Ihr Hund auch Ihre Gefühle und Gedanken wahr? Lassen Sie immer stärker von Stimme und Körpersprache los.	Gewöhnen Sie sich an, dass Sie Ihrem Hund auch Ihre Gefühle und Gedanken bei jeder Wiederholung kommunizieren. Ein »Sitz« strahlt ein Gefühl von Ruhe aus. Stellen Sie sich gleichzeitig auch vor, wie er sitzt. Mit der Zeit benötigen Sie keine Stimmzeichen mehr. Ihr Hund beginnt, für Ihre Gefühle und Gedanken empfänglicher zu werden.

Beherrscht Ihr Hunde die vier Befehle, in denen er »Sitz« macht, Ihnen Aufmerksamkeit schenkt, auf Kommando kommt und bei einem »Nein« reagiert, können Sie ihm damit die fünf wichtigsten Manieren beibringen.

Gute Manieren Nr. 1: Nicht an der Leine ziehen!

Die Leine ist vergleichbar mit einem Gurt im Auto, er dient nur zu Ihrer Sicherheit. Sie verwenden ihn nicht zum Lenken, Bremsen oder Radiohören. Genauso verwenden Sie die Leine Ihres Hundes nicht, um mit ihm zu kommunizieren, sondern nur in der Notsituation. Wünschen Sie sich von Ihrem Hund ein bestimmtes Verhalten, dann kommunizieren Sie ihm das über Ihren Körper, die Stimme, Gedanken, Bilder und Gefühle.

Idealerweise hängt die Leine stets locker, weder Sie noch Ihr Hund ziehen daran. Bei Hunden, die mit Ihrem Besitzer spazieren gehen und nicht umgekehrt, ist die Leine ständig gespannt und der Hund zieht nach vorne, er hat die Führung. Bei Flexi-Leinen fällt es Ihrem Hund schwer, einzuschätzen, wie weit er gehen darf. Dass er zieht, ist wahrscheinlich. Ein gemeinsamer Spaziergang benötigt eine Abstimmung aufeinander. Entscheiden Sie am besten, wo es lang geht und kommunizieren Sie es Ihrem Hund, wenn Sie merken, dass er gerade in eine andere Richtung abdriftet. Benutzen Sie die Leine nur zu seiner Sicherheit, dafür eignet sich eine 1,5 bis 2 Meter lange Leine übrigens am besten.

Bedenken Sie bitte, dass Hunde, die ohne Leine in der Stadt spazieren, einem höheren Unfallrisiko ausgesetzt sind. Ganz gleich, wie gut erzogen Ihr Hund ist oder wie entspannt er durch die Straßen geht, können sich seine Instinkte unerwartet melden. Rennt eine läufige Hündin auf der anderen Straßenseite, kann Ihr Rüde bald von Liebeshormonen überfallen werden und unaufmerksam im Alleingang die Straße überqueren. Andere können von einem Reifenplatzer so erschreckt werden, dass Sie vielleicht auf die Straße laufen. Lernen Sie also lieber, mit Ihrem Hund an entspannter Leine zu gehen, statt frei in der Stadt zu laufen – so sind Sie auf der sicheren Seite.

Gute Manieren Nr. 2: Nicht den Besitzer aus den Augen verlieren!

Bei einem entspannten Spaziergang sollte Ihr Hund Ihnen gegenüber aufmerksam bleiben und keine Jagdtouren durch den Wald oder andere Selbstentdeckungsreisen unternehmen. Wenn Sie alles richtig machen, sind Sie der Rudelführer und damit die Hauptperson in seinem Leben. Pflegen Sie die Einstellung, dass Sie die Richtung angeben und Ihr Hund zu folgen hat. Das schafft Klarheit und Ordnung, die Hunde für ein entspanntes Leben benötigen. Außerdem dient es seiner Sicherheit, wenn er nicht auf sich alleine gestellt neue Wege entdeckt.

Das bedeutet nicht, dass Ihr Hund ständig bei »Fuß« sein oder an Ihnen kleben sollte. Er darf selbstverständlich im Gebüsch schnüffeln gehen, auf einen Baumstamm klettern oder einen Freund begrüßen. Achten Sie jedoch darauf, stets die Aufmerksamkeit Ihres Hundes zu haben. Schaut er immer wieder nach Ihnen? Wartet er auf Ihre Anweisung? Dreht er sich hin und wieder zu Ihnen um? Kommt er zurück, wenn Sie ihn rufen, damit Passanten oder Radfahrer frei vorbeigehen oder Sie ihn wieder anleinen können? Kommt er nachschauen, was los ist, wenn Sie einfach nur kommentarlos stehen bleiben? Wenn ja, beherrschen Sie den Spaziergang super. Wenn Sie aber das Gefühl haben, dass Sie eigentlich die ganze Zeit auf Ihren Hund achten müssen, dann entscheiden Sie sich jetzt dafür, den Spieß umzudrehen.

Gute Manieren Nr. 3: Nicht nach Futter betteln!

Hunde, die nach Futter betteln, sehen dieses Verhalten als eine Art Sportdisziplin, die lästig, unangenehm, aber auch ungesund und gefährlich sein kann. Sie können nie wissen, ob fremdes Futter Allergien auslöst, vergiftet oder schädlich ist. Signalisieren Sie Ihrem Hund, dass er darauf vertrauen kann, bei Ihnen reichlich gutes und gesundes Futter zu bekommen. Füttern Sie Ihren Hund daher bewusst, dabei geht es um den Inhalt, aber auch um die Präsentation des Futters.

Füttern Sie ihn nur aus seinem Futternapf. Machen Sie das ruhig und entspannt. Ihr Hund darf während der Zubereitung geduldig warten. Bevor er zum Napf gehen kann, geben Sie ihm vorher ein O.K.-Zeichen. Der Rudelführer entscheidet mit Liebe und Klarheit, dass gegessen werden darf. Zeigen Sie Ihrem Hund, dass Sie alles im Griff haben. Ob Ihr Hund dann zuerst frisst oder Sie, spielt keine Rolle mehr. Wichtiger als eine Regel ist immer Ihre eigene Geisteshaltung. Der Hund muss nicht als Zweiter durch die Tür gehen oder sonst irgendetwas tun, Ihre Ausstrahlung entscheidet weit mehr darüber, ob etwas richtig oder falsch für den Vierbeiner ist.

Gute Manieren Nr. 4: Nicht in Restaurants oder Lokalen stören!

Hunde dürfen Geduld lernen. Wenn Sie in einem Lokal oder Geschäft sind, haben Sie ein Recht darauf, Ihren Kaffee in Ruhe und entspannt zu genießen. Wenn Sie Ihren Hund dabeihaben, dann wartet dieser am besten unter dem Tisch oder an einem anderen ruhigen Platz. Machen Sie ihm deutlich, dass Sie von ihm wollen, dass er einfach nur brav wartet und sich entspannt. Sie sollten dabei selbst entspannt und ruhig sein.

Hunde, die ständig Fremden hinterherlaufen, nachbellen oder diese anknurren, sich im Kreis drehen und jeden beschnuppern wollen, der vorbeigeht, zeigen in der Regel Unsicherheit und mangelnde Erziehung. Ihre Führungsqualitäten sind auf den Prüfstand gestellt. Kommunizieren Sie Ihrem Hund, was Sie gernehaben und wie Sie die gemeinsame Zeit im

Lokal mit ihm verbringen wollen. Er braucht sich um nichts kümmern, Sie haben alles im Griff. Er muss das nur deutlich merken.

Gute Manieren Nr. 5: Besucher und Gäste nicht anspringen!

Kommen Gäste zu Ihnen, die beim Ankommen nicht mit der Schnauze im Mund begrüßt werden wollen, so ist das ihr gutes Recht. Bellt, winselt oder heult Ihr Hund gerne Besucher an, bringt das unnötige Aufregung und Unruhe in die Besuchssituation.

Bringen Sie Ihrem Hund zunächst bei, nicht durchgehend zu bellen, wenn es läutet. Ein kurzes Bellen ist ausreichend. Schließlich sorgen Sie für die Sicherheit im Haus und entscheiden, ob Besuch kommen darf oder nicht. Wenn sein Begrüßungsdrang sehr groß ist, dann soll er lernen, ab nun abzuwarten. Besucher dürfen Sie zuerst begrüßen und dann den Hund. Begrüßungen dürfen entspannt und ruhig sein.

> **Praxistipp**
> Was Ihr Hund ruhig mal auch tun darf!
> - Ihr Hund darf bellen, knurren, winseln. Er darf es zeigen, wenn er sich bedrängt oder unwohl fühlt.
> - Ihr Hund darf andere Hunde nicht mögen oder ihnen aus dem Weg gehen. Das sollte aber ohne Gewalt passieren.
> - Ihr Hund darf Sie zum Spielen motivieren. Entscheiden Sie selbst, ob Sie das gerade wollen. Meistens wissen Hunde auch, wann Sie selbst eine Pause brauchen.

- Ihr Hund darf, vorausgesetzt Sie wollen es auch, im Bett schlafen, auf der Couch liegen, als Erster durch die Tür oder beim Spaziergang vorne gehen. Das hat nichts mit Rangordnung zu tun. Wichtig ist jedoch, dass Sie an manchen Tagen auch bestimmen können, dass er nicht im Bett schlafen darf oder dass Sie zuerst durch die Tür gehen wollen. Akzeptiert er das ohne große Widerstände, stellt er Ihre Führungsqualität nicht in Frage.

Einem Hund Manieren mit Liebe und Ruhe beizubringen, ist ein großes Geschenk an Ihren Vierbeiner. Hunde, die aus Lust folgen und nicht aus Schmerz, sind ausgeglichene und glückliche Tiere, die bereit sind für eine tiefere Begegnung mit ihrem Besitzer.

Sie haben bisher erfahren, welche biologischen, psychologischen, kommunikativen und pädagogischen Bedürfnisse Hunde haben. Sie haben viel Wissen erhalten, das eigentlich eine Vorbereitung auf das seelische Rendezvous mit Ihrem Vierbeiner war.

Diese Seele Ihres Vierbeiners wartet nämlich nun darauf, von Ihnen entdeckt zu werden. Hunde haben eine Seele, die genauso mit Ihnen in Verbindung treten will. Sie wartet darauf, entdeckt und gehört zu werden. Sie hat ganz klare Botschaften für den Menschen. Sie sind nun bereit, in das Seelenleben Ihres Hundes einzutauchen. Wir haben Sie bisher auf dieser Reise vorbereitet und das nächste Kapitel ist quasi Ihre Ziel-Destination.

VI. DIE SEELISCHEN BEDÜRFNISSE ERFÜLLEN

Seelenbotschaften Ihres Hundes entschlüsseln

Die malerische Kleinstadt an der Nordküste Italiens erwacht langsam aus ihrem nächtlichen Tiefschlaf. Die Stimmung auf den Straßen von Triest trägt die Luft des Meeres, aber auch die Gelassenheit der Einwohner. Der Krach der lauten Motorräder, die für Italien sehr typisch sind, bleibt hier weitgehend aus. Das Flair von Italien verbreitet sich eher ganz unauffällig in den kleinen Gassen der Altstadt, die an manchen Ecken an das kaiserliche Österreich erinnern.

Frau Rosenbach arbeitet als Kardiologin in ihrer Privatpraxis in Graz und gönnt sich die wenigen Autostunden nach Italien. Sie wünscht sich ein Wochenende ohne Stress und ohne Erlebnisse, die sie aus der Ruhe bringen. Das Hotel, in dem sie gerade eincheckt, strahlt meisterhafte Eleganz aus. Sie kann sich ganz genau an ihren damaligen Urlaub mit ihrem ersten Mann hier erinnern. Er erzählte ihr zunächst, sie würden ihre Eltern in Wien besuchen, doch nach einigen Minuten Autofahrt war ihr klar, dass ihr Mann eine Überraschung geplant hatte. Während sie auf den Rezeptionisten wartet, kommen leichte Gefühle von Trauer in ihr hoch. Anscheinend hat die Dame den Herzinfarkt ihres ersten Mannes immer noch nicht verarbeitet.

Im Moment fällt es ihr noch schwer, die innere Ruhe zu bewahren. In ihren Händen hält sie zugleich den sechs Jahre alten Mops, ihre Kreditkarte und den Reisepass. Altessa hat sich einige Autostunden zurückhalten können, gibt jedoch mittlerweile einige Geräusche der Ungeduld von sich. Frau Rosenbach bleibt bei ihrer Absicht, nichts soll sie aus der Ruhe bringen. Diesen Kurzurlaub haben sich die beiden mehr als verdient. Auch wenn ihre Gedanken immer wieder um den heutigen Termin bei ihrem Anwalt kreisen, glaubt sie, endlich das Richtige getan zu haben. Ganz stolz unterschrieb sie um 8:30 die Scheidungspapiere, nun ist alles geregelt und sie ist ihren Exmann endlich los.

»Herzlich willkommen im Hotel Triest, Frau Rosenbach. Ihr Zimmer ist bereits fertig«, sagt der freundliche und geschulte Rezeptionist. »Warum hat es mit der zweiten Ehe nicht geklappt«, denkt sie sich, während sie ihm die Buchungsbestätigung überreicht. Gott sei Dank hat sie Altessa noch in ihren Händen, sie hätte gleich auf den Hund hören soll. Der verwöhnte Mops mag einfach keine Männer und ihren zweiten schon gar nicht. Kurz fragt sich die Kardiologin, ob sich ihr Vierbeiner bei ihrem ersten Mann anders verhalten hätte.

Der Mops hat seine dringenden Gassi-Bedürfnisse längst vergessen und gibt ein erstes Knurren von sich. Der Rezeptionist mit der Glatze scheint dem Hund unheimlich zu sein. »Psssst und Aus«, erwidert das Frauchen und der Hund beruhigt sich ein wenig. Der Mops hatte kürzlich eine Herz-OP und darf sich nicht unnötig aufregen. Frau Rosenbach fühlt schon, dass das ein herrliches Wochenende sein wird, an dem sie genügend Energie tanken kann. Mit ihrem zweiten Mann fuhr sie nie nach Triest. Er bevorzugte meistens Reisen ins Landhaus seiner Eltern im Westen von Österreich. »Vielleicht ist es das, was mir fehlte«, überlegt die elegante Dame, »vielleicht fehlte einfach das Abenteuer.« Nun hat sie aber endlich Ruhe hier und vielleicht packt sie auch ihre italienischen Sprachbücher wieder aus. Italienisch kam ihr immer so einfach und vertraut vor. Doch ihr erster Mann meinte immer nur, dass sie es nicht bräuchte, schon gar nicht als lokale Kardiologin in Graz.

Beim Spaziergang zieht die Leine leicht an ihren Handschuhen, doch Frau Rosenbach blüht gerade in den Straßen von Triest auf. Ein Gefühl des Ankommens, obwohl sie erst das zweite Mal da ist, macht sich in ihrem Herzen breit. Hin und wieder hat sie auch den Eindruck, dass sie schon länger hier lebt. Die Atmosphäre und das Flair kommen ihr sehr vertraut vor. Altessa sucht hingegen nach kleinen Futterresten, die jedoch von der Straßenreinigung gründlich entfernt wurden.

Die Ruhe, nach der sie sich sehnt, braucht noch ein Weilchen, denkt sie sich. Sie fragt sich, ob ihr erster Mann wieder mit ihr durch die Gassen der Altstadt spazieren würde, wenn er noch am Leben wäre. Doch das Bellen von Altessa reißt sie aus ihren Gedanken. Die aufgeweckte Hündin hat bereits ein männliches Opfer gefunden, das ihr gar nicht passt. »Psssst … und Aus«, reagiert Frau Rosenbach auf den Wutanfall ihres Kleinhundes. »Wir gehen jetzt zum blauen Meer«, beruhigt sie ihre Altessa. Sie würde es nicht ertragen, wenn noch ein Lebewesen, das sie liebt, an Herzversagen stirbt.

Vor sich sieht sie nun endlich die vielen Bänke an der Promenade, aber auch, dass keine davon frei ist. Auf einer Bank sitzt ein Junge, der nicht älter als vierzehn sein kann und das Rauschen der Wellen beobachtet. Sie unterbricht seine Stille und fragt höflich, ob sie sich mit ihrem Hund neben ihn auf die Bank setzen kann. »Sehr gerne, Signora«, sagt das höfliche Kind und beachtet die Dame nicht mehr weiter. Frau Rosenbach ist vom kleinen Jungen leicht angetan. Seine Manieren und diese Ruhe, die er ausstrahlt, faszinieren sie. Kinder wollte sie zwar nie, aber bei ihm könnte sie sich eine Adoption vorstellen. Sie schaut sich um, ob die Eltern des Kindes da sind, ihr Sitznachbar scheint jedoch alleine gekommen zu sein.

Frau Rosenbach spricht ungern fremde Menschen an, schon gar keine Kinder. Doch bei diesem kleinen Jungen nimmt sie sich vor, eine Ausnahme zu machen: »Lebst du in Triest?«, fragt sie ihn in gebrochenem Italienisch, an das sie sich noch von früher erinnert. Doch der Junge scheint der deutschen Sprache mächtig zu sein und antwortet mit höflicher Stimme: »Si, Signora, ich wohne nur einige Straßen weiter.« Er wendet seinen Kopf gleich wieder von ihr ab. Frau Rosenbach versteht nicht, warum sie immer gegen Kinder war, denn bei diesem kleinen Jungen fühlt sie sich gut aufgehoben und geborgen. Sind es seine langen dunkelblonden Haare oder ist es die grüne Herbstjacke, die er trägt und die sie so fasziniert? Auch der Mops scheint vom Jungen angetan zu sein, obwohl er normalerweise Männern und Kindern sehr skeptisch gegenübersteht. Nur ihren Exmann hat sie heiß geliebt. Gerade deswegen ist sie überrascht darüber, dass Altessa ständig zum Jungen will.

Wie es aussieht, findet Frau Rosenbach ihre Ruhe auch auf dieser Bank nicht. Der Kardiologin ist unklar, warum es ihr so schwerfällt, von diesem Kind loszulassen. Doch der Junge stellt ihr eine Frage, die sie wieder aus ihren Gedanken herausreißt: »Signora, ich habe das Gefühl, dass sie mir etwas sagen wollen.« Nun, denkt sie sich überrascht und leicht sprachlos. »Ja, ähm …«, erwidert sie. »Nein, eigentlich nicht.« Der Junge bleibt jedoch hartnäckig: »Haben Sie nicht den Eindruck, dass wir uns schon länger kennen?« »Ja, ähm, nein, vielleicht …«, antwortet Frau Rosenbach. Es interessiert sie jedoch viel mehr, wie der Junge darauf kommt. Kann er ihre Gedanken lesen? Oder wurde sie von ihm beschattet? Altessa beginnt nun auch leicht unruhig zu werden und sieht zu ihrer Besitzerin.

Frau Rosenbach versucht klare Worte zu finden und sagt mit einer leicht piepsigen Stimme: »Ja, dieses Gefühl habe ich auch.« Der kleine Junge dreht wieder den Kopf zurück zum Meer und nickt dabei. »Ja, Signora. Ich habe das Gefühl, als wären sich unsere Seelen bereits begegnet.« Als Kardiologin hat sie sich nie mit der Existenz einer Seele beschäftigt. Sie weiß, dass Menschen ein Herz mit zwei Kammern und zwei Vorkammern haben. Aber eine Seele? Manchmal fühlt sie ihren ersten Mann bei sich, doch sie ist felsenfest davon überzeugt, dass es sich hier um ihre verrückte Fantasie handelt.

»Ich glaube nicht an eine Seele«, ertönt es aus ihrem Mund, dieses Mal etwas kraftvoller. Der blonde Junge blickt zu ihr und dreht seinen Kopf dann wieder zurück zum Meer. Sie nützt die entstandene Pause, um ihn zu fragen: »Du bist aber noch sehr jung für diese Themen. Denkst du nicht?« Der Junge lässt sich von dieser Frage nicht beirren: »Signora, Sie haben recht. Mein Körper wirkt noch sehr jung für diese Themen. Doch habe ich in mir eine alte Seele. Vielleicht bin ich sogar älter als Sie?« Frau Rosenbach merkt, dass es ihr hier immer noch schwerfällt, Ruhe zu finden. Sie wünschte sich ja ein Wochenende ohne Erlebnisse und nun spürt sie wieder diese Unruhe aufkommen. Auch Altessa wirkt angespannter und erstes Knurren ist aus dem Tragekorb zu hören, in dem sie sich nun befindet. Die Hündin darf sich nicht aufregen, sonst spielt das Herz nicht mehr mit.

Die Nacht im Hotelzimmer verläuft etwas turbulent. Frau Rosenbach träumt wieder einmal von ihrem verstorbenen Mann und wälzt sich von einer Bettseite zur anderen. Ihr erster Gedanke am Morgen nach dem Aufwachen dreht sich um die Frage nach der Existenz einer Seele. Was wollte der Junge mit dieser Aussage bezwecken? Und warum beschäftigt sie sich jetzt damit? Sie hat viele Jahre Medizin studiert und Hunderte Patienten betreut, noch nie kam sie in Berührung mit der Seele. Doch danach denkt sich Frau Rosenbach, dass sie sicherlich auch an diesem neuen Tag noch die Möglichkeit hat, ihre wohlverdiente Ruhe zu finden. Der Mops schaut seine Besitzerin ganz aufmerksam an und versteht nicht, warum sie seine Botschaft immer noch nicht entschlüsselt hat.

Alles Wissen, die Gesamtheit aller Fragen und alle Antworten ist in den Hunden enthalten.
(Franz Kafka)

Was Sie bisher gelesen haben, richtete sich vermehrt an Ihren (gesunden) Menschenverstand. Unser Verstand kann Fakten und Informationen sortieren, die ihm bereits bekannt sind oder sich in sein Weltbild gut einfügen lassen. Haben Sie sich aber einmal gefragt, wo im Körper Ihr Verstand sitzt? Ist er innerhalb oder gar außerhalb? Wenn Sie denken, achten Sie darauf, wo sich im Körper das Denkzentrum befindet. Wenn Sie über etwas richten, urteilen und nachdenken, können Sie es genau lokalisieren? Viele richten Ihre Aufmerksamkeit dabei auf Körperteile wie den Kopf oder den Bauch, andere können sogar genauere Angaben machen. Sie sagen dann beispielsweise, diese Stimme kam vom Hinterkopf oder aus der Mitte des Bauches.

Fragen Sie sich nun, wo Ihre Seele sitzt. Hat sie auch ihren Platz im Körper? Ist sie vielleicht auch außerhalb dessen, also darüber, links, rechts oder darunter? Sie dürfen sich auch ruhig die Frage stellen, ob Sie überhaupt eine Seele haben. Was ist die Seele eigentlich? Können wir beweisen, dass es sie gibt? Lassen Sie sich nun auf eine Seelenreise ein, deren Worte sich nicht mehr an Ihren Menschenverstand richten werden. Wir möchten Ihrer Seele den Raum geben, sich zu zeigen. Lesen Sie daher ruhig mit Ihrem Verstand, aber fühlen Sie dabei, ob Ihre Seele vielleicht mitliest.

Wenn Menschen das Licht dieser Welt erblicken, erwarten sie viele Abenteuer. Sie bringen uns durch Höhen und Tiefen, überfallen uns mit Gefühlen der Freude und Hoffnung, aber auch Trauer und Verzweiflung. In uns haben wir gleichzeitig die Sehnsucht danach, glücklich zu sein, unsere Bedürfnisse zu nähren und unsere Wünsche zu erfüllen. Auf diesem Weg begegnen uns Menschen, die uns ein Leben lang begleiten oder nach einer gewissen Zeit wieder verlassen. In diesem abwechslungsreichen Leben erfahren wir die höchsten und tiefsten Gefühle und machen die schönsten, aber auch traurigsten Erfahrungen. Es ist wirklich spannend, was alles in diesem Leben geschieht. Noch spannender ist allerdings, was davor und danach passiert.

Die Frage danach, wo sich der Mensch vor der Geburt und nach dem Tod befindet, berührt uns sehr oder gar nicht. Gibt es etwa ein Leben vor und nach dem Tod? Was bleibt übrig, wenn unser Körper geht und sich unsere Gedanken und Gefühle in Luft auflösen? Steckt in uns etwas Verborgenes, das uns erlaubt, weitaus größer und großartiger zu sein als wir es uns zugestehen wollen?

Immer wieder tauchen Menschen auf, die mit ihren Gaben und Talenten die Welt verändern. Sie sind zu Handlungen fähig, die bis dato niemand gewagt hat und haben die Kraft, Außergewöhnliches und Wunderbares zu bewirken. Es sind Menschen, die von scheinbar unheilbaren Krankheiten wie durch ein Wunder geheilt werden oder die tiefsten Niederschläge ihres Lebens in größte Erfolge transformieren. Sie schaffen es, große Menschenmassen für einen guten Zweck zu mobilisieren und lassen sich durch nichts von ihrem unglaublichen Weg abbringen. Was sind das für Menschen? Haben sie übernatürliche Kräfte? Stehen diese allen zur Verfügung?

Jeder Mensch kommt mit einem ganz bestimmten Auftrag auf diese Welt, dieser nährt uns mit Sinn und Erfüllung. Wir wollen diese Berufung leben, jeder auf seine ganz persönliche Art und Weise. Unsere Gedanken und Gefühle helfen oder bremsen uns dabei. Sie verfälschen, manipulieren oder fördern unsere ureigenen Kräfte. Haben wir auch einen Kern in uns, der sich nicht verfälschen oder manipulieren lässt, der das Beste von uns zum Vorschein bringen und diese ureigenen Kräfte immer nutzbar machen will? Die Antworten darauf gibt uns die Seele. Sie ist es, die alle Antworten besitzt.

Die Seele ist der Urheber unserer größten Begabungen und Talente, die in uns stecken und die zum Ausdruck kommen wollen. Natürlich gehören diese auch geübt und entwickelt, doch scheinen wir Menschen für gewisse Tätigkeiten wie »gemacht« zu sein. Es ist die Seele, die ganz kraftvoll und entschlossen auf ein Leben des Glücks und der Erfüllung zusteuert und sich nach Tiefe sehnt. Es ist aber auch die Seele, die sich von Menschen, Berufen und Verhaltensweisen befreien will, die uns krank und unglücklich machen. Menschen, die mit ihrer Seele kommunizieren, bewirken scheinbar Unmögliches, trauen sich etwas ganz Neues und Unbekanntes zu tun. Sie gehen selbstbestimmt ihren Weg und wissen genau, was sie schwächt und was ihnen Schaden zufügt.

Es ist die Seele, die Wunderheilungen zulässt, natürliche Übersinnlichkeit für selbstverständlich hält und das ureigene Potenzial in uns zum Vorschein bringt. Wenn es aber die Seele gibt, die alles weiß und kann, warum haben wir dann überhaupt einen Körper?

Die drei Ichs – Körper, Geist und Seele

Wir Menschen kommen mit einem Einatmen auf die Welt und verlassen sie mit einem Ausatmen. Mit großer Begeisterung binden wir uns an Menschen sowie Tiere und müssen irgendwann von ihnen loslassen. Wir nehmen dabei Abschied von ihnen, aber auch von allem, was wir hier erreicht, erträumt und besessen haben. Warum kommen wir dann überhaupt auf die Welt?

Weil die Seele einen genauen Plan hat, welche Erfahrungen sie hier machen will. Diese Erfahrungen verhelfen ihr dabei, sich selbst tiefer zu erkennen und sich über ihre wahren Kräfte bewusst zu werden. Diese Erfahrungen bestimmen daher unsere Reise auf dieser Erde. Sie helfen uns dabei, aus uns selbst herauszuwachsen und das Beste in uns zum Vorschein zu bringen. Genau genommen sprechen wir von vier Seelenplänen, die unser höheres Selbst – also die Seele – auch umsetzen möchte. Für dieses geheimnisvolle Vorhaben benötigt sie einige Werkzeuge. Mit ihnen lassen sich ihre Pläne realisieren und manifestieren. Hunde spielen auf dieser Seelenreise eine sehr berührende Rolle. Sie zeigen uns den Weg.

Bin ich mein Körper? (Das körperliche Ich)

Die Seele benötigt einen Körper, sonst könnte sie ihre Wünsche auf der Erde nie erfüllen. Dieser Körper muss gesund und vital sein, gut genährt und versorgt. Hat die Seele beispielsweise den Wunsch, viele Menschen auf einer Bühne zu bewegen, braucht sie einen dynamischen Körper, der im Rampenlicht steht und Menschen mitreißt.

Unser Körper liebt es, sich auszudrücken, zu spüren und zu erfahren. In ihm geschehen tagtäglich Milliarden von biologischen Vorgängen, die ganz ohne unser Zutun alles richtig machen. Wir kümmern uns nicht um unsere Herzschläge, die Zellteilung und Verdauung. Der Körper besitzt die Fähigkeit, sich selbst zu heilen, und wehrt sich von alleine gegen das Leid, das wir ihm manchmal zufügen. Unser Bauchgefühl sitzt im Körper und kann daher jederzeit auf Quellen der Weisheit und Wahrheit zurückgreifen. Er wandelt unsere Fähigkeiten und Gaben in Handlungen um. Die Seele ist daher auf ihn angewiesen.

Sind wir mehr als nur unser Fleisch und Blut? Ist der Mensch mehr als nur eine Ansammlung von Organen, Muskeln und Knochen? Blicken wir tiefer in uns, erkennen wir, dass wir auch Gefühle und Gedanken haben. Wir bestehen aus einem Bündel von Einstellungen, Vorlieben, Geisteshaltungen und Emotionen. Den Körper können wir anfassen und greifen, Gefühle und Gedanken lassen sich aber weniger leicht in die Hand nehmen. Sie schlummern in uns, in unserem Geist.

Bin ich mein Geist? (Das psychologische Ich)

Manchmal verborgen oder auch ganz sichtbar erkennen wir, dass wir Gedanken und Gefühle besitzen, die sich in unserer Innenwelt breitschlagen. Sie steuern bewusst oder auch ganz unterschwellig unsere Handlungen, Wünsche und Vorlieben. Wir wachen mit einem Gedanken auf und wissen zugleich wenig über seinen wahren Einfluss auf unser Leben. Warum kommen Gedanken und wohin gehen sie? Warum fühlen wir überhaupt und wie steuern Emotionen unser Leben?

Wir haben nicht nur einen Körper, sondern auch Gedanken und Gefühle, die uns im Leben begleiten. Sie melden sich manchmal unaufgefordert und gehen oftmals ihre eigenen Wege. Die Kraft der Gedanken ist derzeit ein noch unerforschtes Gebiet. Gedanken erfüllen einen wesentlichen Zweck, die Seele braucht sie und unsere Gefühle, denn diese beiden Komponenten sind es, die alles möglich machen können. Sie sind der Pilot unserer Ziele. Ein Wunsch in der Seele beginnt mit einem Gedanken und unser Gefühl nährt diese Sehnsucht mit dem richtigen Nektar. Nutzen wir die Kraft der Gedanken und Gefühle, so lenken wir unser Leben auf sinnerfüllte Bahnen. Die Seele kennt diese Macht, die in uns wacht.

Nutzen wir wirklich unsere Gedanken und Gefühle für unsere glückliche Entfaltung? Nicht immer. Manchmal haben wir es schwer, von alten und festgefahrenen Einstellungen loszulassen, die uns schaden und auf dem Weg in ein erfülltes Leben blockieren. Wer blockiert hier wirklich, ist es die Seele? Nein, die Seele ist das Ich, das Sie voranbringen will. Die Seele drückt und pusht und wir pushen zurück, weil wir ihre Zeichen nicht verstehen. Das Leben beginnt dadurch unerträglich zu werden, der Körper verliert seine Balance. Wir sind es, die den Weg versperren und finden uns mit einem Leben ab, das wir nie führen wollten. Was die Seele nicht will, davon will sie sich trennen und ihre Kräfte setzen sich früher oder später durch. Und genau hier können uns unsere Hunde unterstützen.

Wer und was ist aber diese Seele? Warum haben wir die vollautomatisierte Tür zu unseren Gedanken offen, aber zur Seele nicht?

Bin ich meine Seele? (Das seelische Ich)

Das seelische Ich, also die Seele, ist das Überbewusstsein eines Lebewesens. Auch Tiere und Pflanzen besitzen eine Seele. Sie eröffnet dem Menschen das Tor zu übersinnlichen und außergewöhnlichen Erfahrungen und versorgt ihn mit wichtigen Botschaften. Die Seele spricht über Träume, Menschen, Zeichen und Zufälle zu uns. Sie soll uns auf neue Ideen und erfüllende Wege bringen. Alles Wissen und jede Lösung ist in ihr.

Menschen in schrecklichen Situationen rufen oft nach Hilfe, die ihnen plötzlich ganz unerwartet zukommt. Hypnosepatienten beginnen in einer Heilsitzung eine Sprache zu sprechen, die sie in diesem Leben nie gelernt haben. Andere Menschen wissen aus Verzweiflung nicht mehr weiter und laufen zufällig an einem Buch vorbei, das ihnen die Lösung in die Hand gibt. Wer hatte hier seine Finger im Spiel? Die Antwort ist klar: Die Seele!

Die Seele lässt uns nie im Stich. Sie findet viele Wege, um

mit uns und zu uns zu sprechen. Und das aus einem ganz bestimmten Grund: Ihre Sehnsüchte brennen nach Erfüllung. Sie ist mit einer Mission auf diese Welt gekommen. Je mehr wir über diese Seelenpläne Bescheid wissen, desto schneller und leichter erreichen wir jene Ziele im Leben, die uns vollkommene Erfüllung schenken. Wir schaffen es auch, noch einfacher von falschen Menschen und Wünschen loszulassen, die uns Leid und Schaden zufügen. Die Seele begehrt Sinnhaftigkeit und Lebensfreude. Was will sie von uns und was haben Hunde damit zu tun?

Die vier Seelenbotschaften Ihres Hundes entschlüsseln

Fragt man Menschen, was sie sich im Leben wirklich wünschen, so einigen sich die meisten auf eine Antwort. Ganz unabhängig davon, welcher Rasse, Nationalität, Geisteshaltung, Religion oder Kultur sie angehören, jeder Mensch will glücklich und gesund sein. Warum sind es aber die wenigsten? Viele von uns leiden unter Stress, Depressionen, Einsamkeit, Opferdasein und Frust. Nur einige wenige berichten von einem Leben, das sie vollkommen erfüllt und glücklich stimmt.

Das Problem liegt darin, dass wir in einem Leben voller familiärer, gesellschaftlicher und selbstgemachter Bürden vergessen, wonach wir uns wirklich sehnen. In kurzen außergewöhnlichen Momenten, in denen wir ein Neugeborenes in unseren Händen tragen oder unsere Freiheit auf einer Reise genießen, erinnern wir uns vielleicht daran, wie wir unser Leben führen wollen. Zu oft erscheinen uns solche Eindrücke aber nur als ein vorübergehendes Rendezvous mit der Seele. Wir lassen in der Regel auch zu schnell von Visionen ab, die uns ein besseres Leben aufzeigen. Stattdessen schieben wir sie zur Seite und tun sie als unrealistische Fantasie ab, anstatt ihre wertvolle Wahrheit anzuerkennen.

Solange Sie nicht ehrlich mit sich selbst, mit Ihren Wünschen und Bedürfnissen, mit Ihren Träumen und Sehnsüchten sind, solange hält auch das unerfüllte Leben an. Irgendwann spielt die Seele dieses Spiel der Selbsttäuschung jedoch nicht mehr mit. Sie hat ganz klare Pläne für dieses Leben und sie will das Bestmögliche erleben. Sie treffen die Entscheidung, ob Sie den Pfad der Seele gehen oder sich gegen ihn stellen. Im ersten Fall leben Sie ein Leben voller Erfüllung, im letzten besteht das Leben aus einem einzigen Kampf.

Nun kommen unsere Vierbeiner ins Spiel, Hunde wollen nämlich genau das, was Ihre Seele auch für Sie will. Sie kommen mit einer klaren Absicht zu uns Menschen. Sie wissen, dass wir machtvolle Wesen sind, die diesen Planeten wieder zu einem Paradies der Liebe und Schönheit umwandeln können. Diese Liebe tragen Hunde in sich. Sie kommen durch eine geheime Seelenvereinbarung zu uns, von der die wenigsten Menschen etwas wissen.

Geheime Seelenvereinbarung mit Ihrem Hund

Bei der geheimen Seelenvereinbarung handelt es sich um einen Seelenvertrag, den Sie mit Ihrem Hund abgeschlossen haben. Es ist eine Übereinkunft zweier Seelen, mit dem Ziel, einander zu unterstützen, um gemeinsam ein erfülltes Leben und etwas Besseres für die Welt zu erschaffen. Die Seele Ihres Tieres setzt sich aktiv dafür ein, gemeinsame Ziele im Leben zu verwirklichen. Sie fragen sich vielleicht gerade, wie es denn zu dieser Seelenvereinbarung gekommen ist, schließlich haben Sie ja nichts unterschrieben und wissen auch nichts davon. Diese Seelenvereinbarung unterschreibt auch nicht Ihr Körper oder Ihr Geist, es ist die Seele, die sich diese Begegnung mit einem Hund gewünscht hat. Ihre Seele hat diese Übereinkunft geschlossen. Warum genau? Dazu werden wir später Ihre Seele befragen, welche Absicht sich hinter dieser Begegnung verbirgt. Jedenfalls hat sie den Hund ins Haus geholt, damit Sie das Beste für sich selbst und den Planeten bewirken können.

Betrachten Sie diese Seelenübereinkunft als etwas vollkommen Positives und Natürliches, sie bringt den richtigen Hund, zur richtigen Zeit, am richtigen Ort, mit dem richtigen Verhalten und Charakter zu Ihnen. Auch Hunde kommen mit einer Mission, mit einem ganz konkreten Auftrag zu Ihnen. Diese Vereinbarung regelt ihre gemeinsamen Absichten und dient dem Zweck, die Antworten auf die wichtigsten Fragen des Lebens zu bekommen und diese umzusetzen: Was brauche ich für ein glückliches und erfülltes Leben? Wie kann ich in mir zu mehr Balance kommen, für meine Mitmenschen und die Erde Harmonie bewirken? Wie befreie ich mich von Altlasten und schädlichen Gewohnheiten? Was kann ich tun, damit ich mein volles Potenzial entfalte? Dazu entschlüsseln wir nun die vier Seelenbotschaften unserer Hunde und finden heraus, wie sie uns auf unserem Weg zu einem erfüllten Leben unterstützen können.

Seelenbotschaft Nr. 1 von Hunden: Ich wünsche mir sehr, dass du glücklich bist!

Tief in ihrem Herzen befindet sich das, wonach Menschen ein Leben lang suchen und streben: das Glück. Rückblickend macht das Leben dann Sinn, wenn wir pures Glück erfahren haben. Die Sehnsucht der Seele nach Glück geschieht wie von selbst, so wie ein Baum nach oben wächst, um das Licht der Sonne zu absorbieren, so wachsen wir Menschen aus uns heraus, um immer mehr tieferes Glück zu erfahren.

Es gibt unterschiedlichste Ansichten, was ein Mensch zu seinem Glück braucht, aber bei einer Sache kommen selten Zweifel auf: die Liebe. Die Liebe ist der Brunnen für unser Glücklichsein. Hunde würden nie daran zweifeln, denn Hunde sind Meister des bedingungslosen Liebens. Diese Meisterschaft liegt anscheinend in ihrer Natur. Ein Hund liebt in guten, wie auch in schlechten Zeiten. Er fühlt diese Liebe ganz spontan, Liebe zu sich selbst und zu anderen. Hunde strengen sich für die Liebe und Treue nicht an, sie lieben einfach und werden auch deswegen so sehr von uns Menschen geliebt. Genau diese Liebe teilen sie mit uns, in Form von Treue.

Ihr Wunsch ist es nicht nur, dass wir ihre Liebe annehmen, sondern dass wir lernen, genauso wie sie zu lieben und zu vergeben.

Wir Menschen bauen Flugzeuge und erfinden neue Technologien, die das Leben einfacher machen sollen, doch in Sachen Liebe erfinden wir uns selten neu. Hunde spielen hingegen keine Liebe vor, sie sind sie. Sie zeigen sie uns tagtäglich, sogar wenn wir nur einige Minuten aus dem Haus gehen und dann bei unserer Rückkehr wieder freudig begrüßt werden. In Sachen Liebe sind sie unsere Lehrer und wir ihre Schüler. Täglich betreten wir ihr Klassenzimmer und lernen etwas Neues über die Liebe.

Hunde würden Ihnen sagen:
»Mein lieber Mensch an meiner Seite: Liebe dich selbst. Liebe jeden Tag mehr. Lebe das, was du liebst. Das kurze

Leben ist Liebe. Und sieh her, ich kann das und du kannst das auch. Ich will dir zeigen, wie das geht. Sieh nur, was dein Herz verschließt. Öffne es. Lerne von mir, ich kann dir die Liebe beibringen. Höre auf mich und beobachte mich. Sieh, wie treu ich sein kann. Sei auch dir selbst treu. Bleib deinen Wünschen und Träumen treu. Hüte sie, so wie ich es tue. Lass deine Träume nie los, ich lasse dich auch nie los.«

In Sachen Liebe können wir von unseren Hunden vieles lernen, und genau das wollen sie uns tagtäglich vermitteln.

Seelenbotschaft Nr. 2 von Hunden: Ich wünsche mir sehr, dass du erfolgreich bist!

Es gibt so viele Definitionen von Erfolg wie es Tierarten auf dieser Welt gibt – und das ist auch gut so. Je nachdem auf welchem Entwicklungsschritt sich eine Seele befindet, wünscht sich jeder Mensch anders erfolgreich zu sein. Doch die Sehnsucht der Seele nach Erfolg geht meistens darüber hinaus, was unser Geist über oberflächlichen Erfolg denkt. Der komfortable Firmenwagen, das große Haus und der einprägsame Titel auf der Visitenkarte spiegeln nicht immer den Kern unseres wahren Erfolgreichseins. Erfolgreich zu sein bedeutet für die Seele, dass Sie all Ihre Fähigkeiten, Talente und Gaben so einsetzen und entwickeln, dass Sie beruflich und privat vollkommen aufgehen und größte Erfüllung für sich selbst, Ihre Mitmenschen und den Planeten bewirken. Beobachten Sie Hunde und Kinder in ihren spielerischen Handlungen und Sie wissen genau, wovon die Rede ist.

Wir können von Hunden vieles über Sinnhaftigkeit und Hingabe lernen.

Hunde sind auch Meister der Hingabe und des Aufblühens. Haben sie an einer Sache Freude gefunden, weil es ihrem Wesen und ihren Talenten entspricht, vertiefen sie sich so stark darin, dass sie sich selbst dabei vergessen. Sie verschmelzen mit dieser Aufgabe und beginnen endlos mit ihr zu tanzen. Sie sind im Hier und Jetzt, in einem Zustand größter Wachheit und geistiger Klarheit, in der Müdigkeit nicht existiert. Wenn Tiere jagen gehen, dann jagen sie aus Hunger, aber auch um das Gleichgewicht in der Natur wiederherzustellen. Sie wissen, dass hinter dieser Handlung ein tieferer Sinn steckt, der zum Besten aller geschieht. Die Balance des Ökosystems bleibt dadurch aufrecht und die Erde kann weiter gesund bestehen. In Wirklichkeit fühlen sich Hunde die meiste Zeit über erfolgreich. Beobachten Sie, wie stolz, gelassen und verspielt ausgeglichene Hunde durch den Wald gehen! Hunde spüren, dass wir uns selten wirklich erfolgreich fühlen. Das, was sie uns beibringen wollen, geht über den finanziellen Erfolg weit hinaus. Genau genommen führen sie überwiegend ein Leben mit Sinn, Hingabe und Passion und genau von diesem Erfolg können wir Menschen noch vieles lernen.

Hunde würden Ihnen sagen:
»Tue die Dinge, die dir Spaß machen und bei denen du vollkommen aufblühst. Ich tue es auch die ganze Zeit. Denk nicht so viel daran, was war und sein wird, sondern tanze glücklich mit dem Moment und gib dich ihm hin. Genieße die Freude und die Leichtigkeit des Lebens und verschwende nicht mehr so viel Energie mit mühsamen Tätigkeiten. Denke an dich, aber denke auch an die Menschen und die Erde. Tue das, was dir Sinn und Freude bringt. Lebe ein er-

fülltes Leben. Gestehe dir deinen Erfolg ein. Für mich bist du immer erfolgreich.«

Seelenbotschaft Nr. 3 von Hunden: Ich wünsche mir sehr, dass du gesund bist!

Sieht man in den vollen Terminkalender eines beschäftigten Menschen, findet man selten den Eintrag »14:00 Uhr – meine Gesundheit«. Tief in uns fühlen wir, dass Gesundheit etwas ganz Wichtiges ist, uns ist auch bekannt, dass ein gesunder Körper und Geist zu unserem Wohlbefinden beitragen. Warum nutzen wir aber nicht unsere übersinnlichen, telepathischen, intuitiven und göttlichen Kräfte, um in Balance zu kommen und unsere Probleme zu meistern? Wir haben vergessen, welche Heilkräfte wir besitzen und wie wir von einer Krankheit mehr über uns selbst lernen können. Blicken wir aber auf unsere Hunde, sehen wir deutlich, was körperliche, geistige und seelische Heilung bedeutet. (Anmerkung: Alternative Behandlungsmethoden und geistiges Heilen sind kein Ersatz für die Konsultation eines Arztes oder Psychotherapeuten. Siehe Impressum.)

Hunde spüren instinktiv, was ihr Körper braucht. Hungrige Hunde essen, schläfrige Hunde schlafen und erschöpfte erholen sich. Sie geben ihrem Körper genau das, was er gerade benötigt. Sie haben kein schlechtes Gewissen, blauzumachen und sich Ruhe zu gönnen. Wenn sie gestresst sind, schütteln sie diesen Stress weg und meiden ihn in Folge soweit es geht. Sie lieben es, auf grünen Wiesen herumzutoben, weil sie die magischen Heilkräfte der Natur für ihr Wohlbefinden nutzen. Hunde nutzen aber auch ihre sensiblen, intuitiven und übersinnlichen Fähigkeiten. Es sei denn, wir Menschen verbieten es ihnen mit einem »Nein«, »Aus« oder »Pfui«, von ihrer Intuition Gebrauch zu machen. Sie fühlen sofort, wenn etwas nicht stimmt und wissen, was der

Mensch braucht. Gleichzeitig spüren sie instinktiv, wie es ihrem Besitzer geht und leiden aus bedingungsloser Liebe mit. Tiere, die ohne Menschen leben, leiden selten psychisch. Jene, die Menschen begleiten, leiden manchmal mit uns oder – besser gesagt – für uns. In Sachen Gesundheit und Harmonie können wir Menschen noch einiges von ihnen lernen.

Hunde würden Ihnen sagen:
»Kümmere dich um deine Gesundheit, so wie ich es tue. Achte auf dich, denn ich liebe dich. Mach endlich eine Pause und gehe mit mir raus an die frische Luft. Lass los von Stress und Unruhe, beides tut dir nicht gut. Erhole dich einfach und hör darauf, was dein Körper braucht. Nutze deine übersinnlichen und spirituellen Fähigkeiten, um deine Probleme zu meistern. Pack deine Sorgen an, sonst muss ich das tun. Ich will deine Heilung. Wach endlich auf. Ich zeige dir freiwillig, woran du leidest. Heile dich selbst!«

Hunde nutzen die übersinnlichen und intuitiven Fähigkeiten ihrer Seele, um zu heilen und zu gesunden.

Das führt uns zur letzten Botschaft unserer Hunde an uns Menschen.

Seelenbotschaft Nr. 4 von Hunden: Ich wünsche mir sehr, dass du frei bist!

Wenn die Seele etwas pflücken gehen würde, würde sie sich auf die Freiheit stürzen. Freiheit lässt sie wieder atmen und stimmt sie endlich friedlich. Gefühle der Heimkehr kommen wieder, die Mühen der Reise haben sich gelohnt. Wir fühlen uns endlich erlöst. Wie drückt sich aber Freiheit aus und welche Bedeutung steckt dahinter?

Freiheit ist die Fähigkeit, die Führung in seinem Leben zu übernehmen. Diese Führung verschafft Ihnen die Macht, Ihr Leben zu transformieren und das zu erschaffen, wonach Sie sich tief im Herzen sehnen.

Mit dieser Führung lösen Sie sich von Menschen, Strukturen, Gefühlen und Gedanken, die Sie beengen und kleinmachen. Menschen verwechseln Freiheit sehr oft damit, keine Verantwortung mehr zu haben oder keine Beziehungen zu führen. Leider handelt es sich dabei nur um eine Scheinform von Freiheit. Mit wahrer Freiheit hat das nichts zu tun, dafür aber mit Angst. Wirkliche Freiheit versteht sich als Urvertrauen in die eigenen Kräfte. Sie ist das Zepter der Führung, der Schöpfer und Gestalter des eigenen Lebens, das wir bewusst kreieren. Doch wie will Ihnen ein Hund Freiheit beibringen?

Hunde bringen Ihnen permanent Freiheit bei, sie lassen sich nämlich von Ihnen führen. Führung bedeutet eigentlich Freiheit. Sie sollen lernen, die eigene Führung in Ihrem Leben zu übernehmen, indem Sie einen Hund führen. Durch dieses bedingungslose Vertrauen in Sie zeigt Ihr

Hund Ihnen, dass Sie auch Vertrauen in Ihr Leben entwickeln sollen, das ist der Schlüssel zu Ihrer Freiheit.

Im ersten Augenblick mag das noch verwirrend klingen. Würde das beispielsweise bedeuten, dass sich Ihr Hund deswegen führen lässt, damit Sie Freiheit und Vertrauen »üben« können? Ja, so in etwa, er schenkt Ihnen sein Vertrauen in Ihre Führung, damit Sie lernen, der Führer Ihres eigenen Lebens zu werden und Zuversicht aufzubauen. Aber nicht nur das, denn Ihr Hund lernt selbst auch etwas dabei, er sieht, wie selbstbewusst und eigenständig ein Lebewesen sein kann. Diese Eigenständigkeit fehlt Hunden, ihre Seelen sind fest gefangen durch die Eingriffe des Menschen in Rasse und Züchtung, die ihr Verhalten prägen. Hunde sind fasziniert von dieser größeren Selbstbestimmtheit und Individualität, die Menschen haben. Auch Hunde haben einen offenen Wunsch, sie wollen sich individueller und einzigartiger weiterentwickeln.

Hunde würden Ihnen sagen:
»Nimm dein Leben in die Hand. Führe mich und erkenne, dass du alles andere in deinem Leben führen kannst. Schau, wie ich dir bedingungslos vertraue. Glaub an dich und vertraue dem Fluss des Lebens. Nimm es in die Hand. Ich bin fasziniert davon, wie unabhängig und selbstständig du bist. Zeige mir mehr davon. Sei mein liebevoller Führer und nimm die Führung deines Lebens an. Vertraue dir so, wie ich es tue.«

Menschen und Hunde teilen die gleichen seelischen Bedürfnisse. Auch Hunde wollen auf ihre Art und Weise glücklich, gesund, erfolgreich und frei sein. Sie kommen ihren Zielen näher, indem sie uns dabei unterstützen, bessere Menschen zu werden, die ihr Glück zum eigenen Wohl, dem ihrer Mitmenschen und der Erde einsetzen.

Die Seele des Menschen ist durstig nach dem Saft dieser

vier Sehnsüchte. Hunde trinken täglich davon und können uns dabei helfen, es auch selbst zu tun. Wir beginnen dadurch, Lebenskrisen auf eine ganz neue Art und Weise zu meistern und aus uns selbst herauszuwachsen.

Vielleicht fragen Sie sich gerade, wie die Seele Ihres Hundes Ihnen all das übermitteln kann und wann sie das letzte Mal zu Ihnen gesprochen hat. Und womöglich denken Sie auch gerade, dass Sie solche Botschaften noch nie von Ihrem Hund vernommen haben. Wir können Ihnen versichern, dass Ihr Hund dauernd mit Ihnen kommuniziert. Da wir Menschen ihre Botschaften aber nicht immer hören und verstehen, haben Hunde ausgetüftelte Kommunikationsstile entwickelt, mit denen sie ihre Seele sprechen lassen können.

Wie Hunde ihre Seelenbotschaften verraten

Hunde denken sehr fortschrittlich, auch wenn es uns manchmal schwerfällt, das zu glauben. Wir bezweifeln manchmal, dass sie so viel über uns, unsere Wünsche und Sehnsüchte wissen. Warum haben sie so viel Ahnung von den Plänen unserer Seele und welche Entwicklung wir durchmachen müssen?

Selbstverständlich können Hunde viele handwerkliche oder geistige Leistungen nicht vollbringen, die der Mensch schafft. Sie wissen jedoch intuitiv sehr genau, was sie tun müssen, damit der Mensch sich geistig und körperlich heilt und weiterentwickelt. Sie leben stets im Einklang mit der Natur und wissen ihre Heilkräfte zu nutzen. Sie spüren die gleichen Emotionen wie wir Menschen, sogar viel purer, klarer und unverfälschter. Die Seele des Hundes hat genauso Zugriff auf spirituelles und intuitives Wissen, das sie mit

Weisheiten und Eingebungen versorgt. Auf der seelischen Ebene verschwinden die Unterschiede zwischen Hund und Mensch, hier sind wir alle gleich hoch entwickelt. Es stellt sich daher die Frage, warum wir Menschen bisher so wenig davon mitbekommen haben.

Sicher kennen Sie Hunde oder leben sogar mit einem zusammen und es scheint so, als würde ihn nur das Fressen und Spielen interessieren. Kein Hund hat Ihnen bisher irgendetwas über Ihre Seelenwünsche und nächsten Entwicklungsschritte gesagt? Oder denken Sie auch an Problemhunde, die beißen, böse und hinterlistig sind? Hunde kommunizieren sehr wohl wertvolle Botschaften, leider hören wir sie nicht. Haustiere haben drei Möglichkeiten gefunden, um uns diese zu verraten.

Bevor Sie diese verstehen können, müssen Sie vorher etwas ganz anderes tun. Erkennen Sie zunächst einmal, was für intelligente, magische und geheimnisvolle Lebewesen Hunde sind. Erkennen Sie, mit welcher wundervollen Absicht sie mit dem Menschen zusammenleben. Akzeptieren Sie, dass Sie etwas Bedeutsames von Ihrem Hund lernen können und dass dieses Wesen eine spirituell hoch entwickelte Seele ist, die Sie mit herzerfüllenden und heilenden Botschaften versorgen möchte. Mit welchen Mitteln tut sie das?

Bedürfnisse des Besitzers kommunizieren: »Ich sage dir, was du brauchst.«

Hunde lieben Kommunikation, sie sagen dem Menschen die ganze Zeit über, was sie über ihn wissen. Hunde kommunizieren nicht nur mit ihrer Stimme und Körpersprache, sondern auch mit ihren Emotionen, visuellen Bildern und Gedanken. Bedeutet das, dass Ihr Hund genauso spricht wie Sie? Absolut, mit einem kleinen Unterschied: Hunde bevorzugen einfachere, klare und kurze Worte und Bilder, um Botschaften an den Menschen heranzubringen. Sie kommunizieren mit den gleichen Emotionen und Gedanken, die wir Menschen auch besitzen, oftmals in einer simpleren Form.

Haben Sie bisher nichts davon mitbekommen? Haben Sie vielleicht noch Zweifel daran? Oder fragen Sie sich derzeit, wie Sie die Botschaften Ihres Hundes besser entschlüsseln und empfangen können? Warum bekommen wir so wenig von den Gefühlen und Gedanken unserer Vierbeiner mit?

Die Antwort ist relativ simpel: Wir Menschen haben es verlernt, übersinnlich und intuitiv zu kommunizieren, oder halten es gar für unmöglich. Wir beherrschen die Sprache der Logik und Analytik, die sehr früh in der Schule gefördert wird. Wir lernen Schreiben, Lesen, Rechnen und erweitern es mit den Jahren in den höheren Schulen.

So gebildet und ausgebildet wir im rationalen Denken auch sein mögen, so halb- oder ungebildet kommunizieren wir intuitiv und übersinnlich.

Mit den Jahren verlernen wir das intuitive und spirituelle Denken, mit dem wir auf die Welt gekommen sind. Wir beherrschen nicht mehr die Sprache der Energien und Intuition und trainieren auch nicht die Fähigkeiten im kreativen und imaginären Denken oder Fühlen. Doch unsere Geschichte hat oft genug gezeigt, dass es immer wieder Menschen gab, die uns mit ihren faszinierenden Visionen und Kräften vor den Kopf gestoßen haben. Woher kam deren Inspiration? Warum konnten sie Wunderbares und scheinbar Unmögliches vollbringen? Diese Einzigartigkeit, mit der sie sich ausdrücken konnten, kam aus den Tiefen ihrer inneren Stimme. Haben sie etwa der Seele gelauscht?

Hundebotschaften über die Stimme

Hunde kommunizieren ihre Bedürfnisse über ihre Stimme. Sieht ein Hund Sie beispielsweise bestimmt an und bellt er Ihnen etwas vor, so kann es sich dabei um etwas Wichtiges für Sie handeln. Entweder er kommuniziert Ihnen sein derzeitiges Bedürfnis oder er sagt Ihnen, was Sie tun müssen, um ein Problem zu meistern.

Ein Hundebesitzer berichtete beispielsweise davon, dass sein Hund zwar niemanden auf der Straße verbellt, aber zu Hause keinen Besuch hereinlassen möchte. Es stellte sich heraus, dass der Besitzer sich keine Ruhe gönnt und ständig unter Menschen ist. Der Hund signalisiert mit seinem Verbellen, dass sein Herrchen zu Hause wieder zur Ruhe kommen soll.

Hunde haben verstanden, dass wir Menschen ihr Bellen selten richtig verstehen und deuten. Wie auch? Die wenigen Laute, die sie immer wieder von sich geben, entsprechen nicht unserer menschlichen Sprache. Wir haben es schwer, diese richtig zu übersetzen und zu interpretieren. Wir hören auch die Nuancen in ihrer Stimme nicht, die eine große Bedeutung in der Verständigung spielen. Die seelischen Botschaften, die Hunde uns über ihre Stimme vermitteln wollen, verstehen wir daher sehr selten. Vielleicht sagen sie uns, dass wir nicht glücklich und frei sind und wie wir es wieder werden können? Oder sie warnen uns vor einer Gefahr? Doch anstatt dem Bellen tiefer gehend zu lauschen, unterbinden wir es und schneiden Hunde von dieser Quelle der Botschaft ab.

Praxistipp
Bellt Ihr Hund das nächste Mal aus unerklärlichen Gründen, probieren Sie etwas aus: Atmen Sie mehrmals tief ein und aus und nehmen Sie sich vor, tiefer in das Bellen Ihres Hundes zu hören. Hören Sie dieses Mal durch sein Bellen und fragen Sie ihn mehrmals: Welche Botschaft versteckt sich hinter diesem Bellen? Was willst du mir wirklich sagen? Achten Sie darauf, welche Eingebung Ihnen daraufhin ganz spontan kommt. Es könnte sich um eine wichtige Botschaft handeln.

Hundebotschaften über den Körper

Hunde spüren ihren Körper die ganze Zeit über und drücken sich physisch aus. Da der Körper stets mit seinen Emotionen und Gedanken verbunden ist, spricht dieser ständig mit Ihnen. Sie sehen Ihrem Hund an, wie sich sein Körper bewegt und verhält. Der Körper sendet laufend Botschaften und zeigt, wo es gerade schmerzt und brennt, doch auch diese Signale interpretieren wir selten richtig.

Immer wieder berichten Hundebesitzer von einem seltsamen Verhalten Ihres Hundes. Sie sprechen davon, dass sich ihr Hund zwischen sie und einen fremden Menschen stellt oder sie wegzieht. Im Nachhinein stellte sich erst heraus, dass der fremde Mann unter Drogeneinfluss stand. Der Hund machte sich nur Sorgen um die Gesundheit seines Besitzers und wollte ihn vor dieser Gefahr beschützen.

Erkennt der Mensch hier, was der Hund sagen möchte? Nicht immer. Hunde haben verstanden, dass ihre Signale falsch verstanden werden. Vielleicht erkennen wir deutlicher als bei der Stimme, was sie von uns wollen, doch wissen selten etwas damit anzufangen. Stattdessen engagieren wir womöglich einen Hundetrainer, der ein Verhaltensproblem beim Hund diagnostiziert und dann versucht, es wegzutrainieren.

Praxistipp

Zeigt Ihr Hund das nächste Mal aus unerklärlichen Gründen ein seltsames Verhalten, unterbinden Sie es nicht sofort, sondern probieren Sie auch hier etwas anderes aus: Atmen Sie mehrmals tief ein und aus und nehmen Sie sich vor, tiefer auf das Verhalten Ihres Hundes zu blicken. Fragen Sie ihn mehrmals: Welche Botschaft versteckt sich hinter diesem Verhalten? Achten Sie darauf, welche Eingebung Ihnen daraufhin ganz spontan kommt. Es könnte sich um eine wichtige Botschaft handeln.

Hundebotschaften über die Emotionen

Hunde sind eindeutig Gefühlstiere. Sie sprechen mit ihren Emotionen und verdeutlichen uns damit, wie sie sich fühlen, aber auch, wie wir uns fühlen. Sie haben die gleichen Gefühle wie wir Menschen, mit einem großen Vorteil, denn sie können sich nicht verstellen. Hunde bleiben authentisch. Mit ihren Emotionen wollen sie uns nicht nur ihre Befindlichkeit zeigen, sondern uns auch darauf aufmerksam machen, was wir für einen erfüllten Lebensweg benötigen.

Hunde von psychisch belasteten Menschen mit Depressionen oder Dauerstress zeigen beispielsweise oftmals die gleichen Symptome wie ihre Besitzer. Ein Grund hierfür kann sein, dass sie uns verdeutlichen wollen, wie wir uns fühlen. Sie hoffen darauf, dass der Besitzer mit einem deprimierten Hund endlich »aufwacht« und an seiner persönlichen Heilung arbeitet.

Wenn Hunde Gefühle zeigen, kann es sich um die eigenen, aber auch um Ihre handeln. Hinter dem gezeigten Gefühl verbirgt sich eine wichtige Botschaft. Vielleicht ist es ein Alarmsignal oder auch ein wichtiger Wegweiser für Ihr Leben. Sie zeigt Ihnen, ob Sie sich auf dem Weg Ihrer gesunden und freien Entfaltung befinden oder nicht.

Praxistipp

Spüren Sie eine schwierige Emotion aufkommen – verursacht durch Ihren Hund – bleiben Sie einen Moment lang ruhig und lassen Sie alles stehen und liegen. Setzen Sie sich hin und atmen Sie mehrmals in das Gefühl hinein. Anerkennen Sie diese Emotion und zeigen Sie Bereitschaft, sich für diese Emotion zu öffnen. Sagen Sie: »Ich bin jetzt bereit, einfach nur zu spüren. Heilung geschieht.« Fragen Sie erst dann diese Emotion, welche Botschaft sich dahinter versteckt. Achten Sie darauf, welche Eingebung Ihnen daraufhin ganz spontan kommt. Es könnte sich um eine wichtige Botschaft handeln.

Hundebotschaften über Bilder und Ideen

Hunde kommunizieren bedeutsame Botschaften auch über Bilder und Ideen. Es sind in der Regel einfache Bilder oder Symbole, die Ihnen Ihr Hund mental zuschickt. Diese telepathische Kommunikation mit Ihrem Tier lässt sich trainieren und verfeinern. Dadurch können Sie wichtige Nachrichten verstehen lernen, die Sie für Ihre persönliche Entwicklung benötigen.

Beispielsweise berichten Hundebesitzer immer wieder, dass sie bei der Fahrt auf der Autobahn mentale Bilder von einem Verkehrschaos und Unfällen sehen, aber auch von einer Abzweigung, die demnächst kommen wird. Der Hund einer Dame mit solchen Bildern befand sich unruhig auf dem Rücksitz. Der Vierbeiner nahm erst dann wieder Platz als der richtige Weg, die Abzweigung, eingeschlagen wurde. Aufgrund einer Radiodurchsage stellte sich dann heraus, dass einige Kilometer der Autobahn unter Wasser standen.

Hunde verdeutlichen kurze mentale Bilder und Eingebungen, die ihnen am Herzen liegen. Diese Botschaften schicken Vierbeiner aus Liebe und Hingabe. Sie wollen, dass wir sie wahrnehmen und unser Leben wieder in die Hand nehmen.

Praxistipp

Beobachten Sie immer wieder, welche Bilder und Ideenflüsse Ihnen beim Zusammensein mit Ihrem Hund kommen. Lassen Sie dabei alles zu und bewerten Sie nicht, ob es richtig oder falsch ist. Öffnen Sie sich dieser telepathischen Kommunikation am besten dann, wenn Sie ruhig und entspannt sind. Atmen Sie mehrmals tief ein und aus. Fragen Sie sich, welche Botschaft sich hinter diesem Bild verbirgt. Achten Sie darauf, welche Eingebung Ihnen daraufhin ganz spontan kommt. Es könnte sich um eine wichtige Botschaft handeln.

Hundebotschaften über Gedanken

Hunde denken, wenngleich auch weniger komplex und verstrickt wie Menschen. Ihre Seele besitzt die Fähigkeit zu tiefen Weisheiten und kreativen Gedanken. Sie helfen dem Menschen dabei, seelische Ursachen für Krankheiten zu erkennen und Heilung zu finden. Die Seele des Hundes weiß genau, was dem Menschen guttut.

Beispielsweise berichtet ein erfahrener Tierkommunikator in der Sitzung mit einem Hund, dass der Vierbeiner seinem Besitzer immer schon sagen wollte, er solle sich von seiner Familie abgrenzen und wieder auf seine eigenen Bedürfnisse hören. Die Familie würde ihn krank machen, es sei an der Zeit, dass er wieder auf sich selbst höre.

Die Gedanken eines Hundes unterscheiden sich von denen der Menschen vor allem hinsichtlich einer klareren, einfacheren und kürzeren Sprache. Dieser Gedanke trägt weise und bedeutsame Botschaften, die dem Menschen Heilung schenken.

Praxistipp

Welche Gedanken kommen Ihnen im Zusammensein mit Ihrem Hund? Setzen Sie sich in Ruhe hin und beginnen Sie, ihn ganz bewusst und liebevoll anzuschauen, konzentrieren Sie sich dabei auf die Atmung. Zählen Sie beim Einatmen zuerst von 1 bis 5 und dann beim Ausatmen von 4 bis 0. Sagen Sie Ihrem Hund, dass Sie nun bereit sind, seine Gedanken zu empfangen. Kommen Ihnen dabei völlig neue Gedanken? Haben Sie eine Frage, die Sie Ihrem Hund stellen wollen? Tun Sie es und warten Sie ab, üben Sie dabei auf keinen Fall Druck aus. Achten Sie darauf, welche Eingebung Ihnen ganz spontan kommt. Es könnte sich um eine wichtige Botschaft handeln.

Hunde können erfolgreich bedeutsame Seelenbotschaften über ihre Stimme und Körpersprache sowie über Bilder, Ideen, Gedanken und Gefühle kommunizieren. Wir Menschen können diese auch bewusst oder unbewusst ignorieren. Hunde sind jedoch loyale und treue Wesen, die ihre Seelenvereinbarung mit Ihnen auch einhalten. Sie lassen nicht locker und wissen, dass sie sich in Zukunft mehr anstrengen müssen, um endlich gehört zu werden. Außerdem hören sie stets auf die Stimme ihrer Seele, die etwas zu sagen hat. Haben sie es nicht geschafft, dem Menschen die Botschaften verständlich zu übermitteln, müssen sie damit beginnen, ihn durch ihr Verhalten zu spiegeln.

Verhalten des Besitzers spiegeln: »Ich spiegle, damit du dich erkennst.«

Hunde kommen mit einem ganz bestimmten Auftrag auf diese Welt. Sie haben einen konkreten Plan, diesen hüten sie mit all ihren Mitteln und verfolgen ihn mit höchster Treue. Will ein Hund seinem Herrchen etwas für ihn Wichtiges vermitteln, übermittelt er die Nachricht so lange, bis der Besitzer seine Botschaft endlich verstanden hat. In Wirklichkeit wünscht sich ein Hund für seinen Besitzer nichts anderes als seine Heilung, sein Wohlergehen steht ganz weit oben auf der Liste.

Was passiert, wenn Sie die »Worte« Ihres Hundes in Form von Gedanken, Ideen, Bildern, Gefühlen usw. einfach überhören oder sogar missachten? Hunde greifen dann zu einer schärferen Methode, um mit dem Menschen zu kommunizieren und spiegeln ihn einfach.

Das Spiegeln kann zwei unterschiedliche Formen annehmen: Einerseits spiegeln Hunde exakt das Verhalten des Besitzers oder sie spiegeln andererseits genau den entgegengesetzten Inhalt. Sie zeigen Ihnen damit, was Sie bei sich dringend erkennen müssen. Sie machen Sie auf etwas aufmerksam. Sie halten Ihnen den Spiegel regelrecht vor. Außerdem wenden sie dabei das »einfache Spiegeln« oder »tiefe Spiegeln« an.

Das einfache oder tiefe Spiegeln

Hunde übernehmen oftmals die Rolle eines Spiegels. Sind Sie beispielsweise momentan aufgeregt oder ängstlich, wird es Ihr Hund auch. Dieses »einfache Spiegeln« bedeutet nur, dass der Hund gerade ihre Emotionen spürt und diese zum Ausdruck bringt. Es handelt sich dabei nicht unbedingt um eine tiefer gehende Botschaft, die er Ihnen vermitteln möchte. Das »einfache Spiegeln« entlastet den Menschen, da der

Hund Sie darauf aufmerksam macht, was gerade in Ihnen vor sich geht. Hierbei arbeitet der Hund wie ein Messgerät, das anzeigt, was gerade ist, damit der Mensch sich dessen bewusst wird. Das bringt Menschen innerlich eine große Erleichterung, auch wenn es anfangs anstrengend wirkt.

Doch das »tiefe Spiegeln« geht in seine Bedeutung – wie der Name schon sagt – viel tiefer. Hierbei will Ihnen Ihr Hund etwas Bedeutsames für Ihr Leben vermitteln. Er zeigt dabei ein Verhalten, das er unmittelbar nur bei Ihnen zeigen würde und wiederholt dies meistens immer wieder. Die Nachricht hat wenig mit Ihren aktuellen Gefühlen zu tun. Sie können beispielsweise entspannt sein, aber Ihr Hund zeigt trotzdem ein ungewöhnliches Verhalten, mit dem er Sie auf etwas aufmerksam machen will. Worauf eigentlich? Meistens auf einen blinden Fleck, den Sie in sich tragen. Sie sind sich dessen nicht bewusst, aber es ist wichtig, dass Sie damit beginnen, sich von Gedanken, Gefühlen und Verhaltensweisen loszureißen, die Ihrem Wesen schaden.

Einige Menschen lösen immer wieder das gleiche Verhalten bei einem Hund aus, und meistens nur ein bestimmtes Verhalten. Es ist stets das gleiche Verhalten, auch bei anderen Hunden. In diesem ungewöhnlichen, nicht nachvollziehbaren Benehmen der Vierbeiner verbirgt sich eine wichtige Botschaft an den Menschen, die es nun endlich zu sehen gilt. Beispielsweise gibt es Besitzer, die immer von Hunden verteidigt werden. Dabei spielt es keine Rolle, ob es der eigene Hund ist oder der eines fremden Menschen. Geht dieser Mensch mit einem Hund spazieren, beginnt der Vierbeiner sofort zu verteidigen. Was will der Hund dem Menschen sagen? Spiegelt er ihm gerade seine innere Unsicherheit und Führungsschwäche wider?

Doch bevor wir tiefer das geheimnisvolle Spiegelverhalten von Hunden untersuchen, werfen wir zuvor noch einen Blick auf etwas ganz Essenzielles. Hunde spiegeln nicht, um Ihnen zu verdeutlichen, dass sie ein schlechter Mensch sind. Im Gegenteil: Sie zeigen Ihnen, dass es sich aus Liebe lohnt, diese Strapazen auf sich zu nehmen. Außerdem urteilen Hunde nicht. Vergleichen Sie ihn mit einem Spiegelglas, in das Sie gerade hineinschauen. Ihr Spiegel urteilt nie, er zeigt nur, was ist. Das Urteilen übernehmen Sie, wenn Sie sich dieses Spiegelbild anschauen und Ihnen Gedanken und Gefühle dazu kommen. Die bedingungslose Liebe der Vierbeiner erlaubt es einfach nicht, etwas Schlechtes über seinen Besitzer zu denken.

Ganz gleich, aus welchem Grund Hunde nun spiegeln, fragen Sie sich vielleicht, was sie uns damit verdeutlichen wollen. Manchmal handelt es sich um belastende Emotionen und Gefühle, die sich in Ihrem Ich befinden und noch keine Heilung gefunden haben. Doch ihre Heilung ist wesentlich, damit Sie glücklich, gesund, erfolgreich oder frei werden und ein Leben in größter Erfüllung führen. Erst wenn Sie glücklich sind und ein erfülltes Leben führen, kann Ihr Hund es auch. Hunde spiegeln deswegen, damit der Mensch Heilung findet. Ist der Besitzer gesund, sind sie es auch. Sind die Menschen geistig gesund, ist es auch der Planet Erde. Sie spiegeln daher leidvolle Gedanken, die der Besitzer hat und die ihn in einem mentalen Gefängnis festhalten, also ihn an seiner Entwicklung hindern. Haben Sie einen gesunden, ausgeglichenen und glücklichen Hund zu Hause? Dann gehen Sie bereits den Weg der Heilung und Erfüllung, den Ihnen der Vierbeiner spiegelt. Gehen Sie einfach weiter!

Das gleiche Verhalten spiegeln

»Frau Hofbauer leidet seit ihrer letzten Scheidung unter leichten Depressionen. Es fällt ihr schwer, diese Trennung alleine zu verarbeiten. Sie traut sich aber auch noch nicht, professionelle Hilfe in Anspruch zu nehmen. Die Dame lebt mit ihrem Rüden, um den sie sich gerade große Sorgen

macht, gemeinsam in ihrer Wohnung. Seit Tagen frisst ihr Vierbeiner nichts mehr und liegt zurückgezogen und bedrückt auf seinem Plätzchen. Sie weiß nicht mehr weiter und verzweifelt von Tag zu Tag mehr. Ein Hundetrainer hat bereits in einem 10er-Block mit dem Vierbeiner trainiert, doch es hat sich nicht viel geändert. Er hat zudem herausgefunden, dass der Hund neuerdings Aggressionen entwickelt hat, für die es keinen offensichtlichen Grund gibt.«

Der Hund dieser Dame spiegelt der Besitzerin ein ähnliches Verhalten, wie ihr eigenes, zurück. Sie zieht sich zurück und er tut das auch. Das macht er aus einem ganz bestimmten Grund: Sein Frauchen soll endlich aufwachen, sich helfen lassen und etwas für ihre Heilung tun. Er hofft, dass seine Besitzerin aufgrund seines Verhaltens aktiv wird und sich selbst helfen lässt. Warum entwickelt der Hund jedoch ein Verhaltensproblem? Die Besitzerin hat nicht auf seine anderen Zeichen reagiert, die Dame wird daher nun intensiv mit der Frage konfrontiert, warum es ihrem Hund nicht gut geht. Sie beginnt, sich mehr mit dem Hund zu beschäftigen und alles zu unternehmen, damit er glücklicher wird. Die Dame versteht im Zuge dessen immer mehr die tiefere Bedeutung seines Verhaltens. Der Hund zeigt ihr, dass in ihr verdrängte Emotionen wie Wut und Unsicherheit schlummern, die die Depression in Wirklichkeit ausgelöst haben. Sie sieht nun diese Ängste im Hund, die ihre eigenen sind und beginnt tiefer zu »sehen«, was in ihr endlich heilen wird.

Es wäre aber auch möglich gewesen, dass der Hund ein gegensätzliches Verhalten spiegelt.

Das gegensätzliche Verhalten spiegeln

»Herr Ottendorfer ist gerade dabei, seine Küche neu zu sortieren und alles auf den richtigen Platz zu stellen. Der

Pensionist hat viel Zeit und nutzt sie auch, um seinen Haushalt ordentlich zu führen. Seitdem hat der 68-Jährige jedoch keinen Kontakt mehr zu anderen Menschen. Er befürchtet, dass Gäste etwas in seiner Wohnung verstellen oder kaputt machen könnten. Mit seinem Mischling verzweifelt der Witwer hingegen regelrecht. Der Hund wirft in der letzten Zeit immer öfter Sachen um und knabbert sogar an Möbeln. Herr Ottendorfer hält das nicht mehr aus und geht mit seinem Hund in die Hundeschule. Am Platz zeigt sich der Vierbeiner aber äußerst brav und folgsam, doch zu Hause zerstört er weiter. Außerdem springt er seit Neuestem fremde Menschen auf der Straße an, was er sogar als Welpe nicht getan hat.«

Der Hund spiegelt dem Besitzer ein Verhalten, das genau dem Gegenteil seines eigenen entspricht. Was will er diesem Menschen damit sagen? Sein Herrchen soll endlich von seinem Kontrollzwang loslassen, er soll sich nicht isolieren und einsperren. Das Herz dieses Menschen sehnt sich nach Wärme und Liebe und nicht nach ungesunder Perfektion im Haushalt. Auch wenn seine Frau kürzlich verstorben ist, muss er lernen, wieder zu lieben. Der Hund springt andere Menschen an, symbolisch gesehen steckt dahinter das Bedürfnis nach menschlichen Beziehungen, das der Besitzer versucht zu unterdrücken. Mit der Zeit kommt der Besitzer vielleicht auf die Idee, dass der Hund mit diesem Verhalten eine wichtige Botschaft vermitteln will: »Löse dich von der Sucht und heile dein Herz.«

Praxistipp

So erkennen Sie das »tiefe Spiegeln«: Hunde führen auch ein eigenes Leben und spiegeln nicht immer nur das Verhalten des Besitzers oder übermitteln wichtige Botschaften. Woher weiß ein Mensch dann, ob der Hund gerade spiegelt oder nur sein eigenes Verhalten ausdrückt? Welche Anzeichen sprechen für ein »tiefes Spiegeln«? Wir haben für Sie einige Hinweise herausgearbeitet:

- Der Hund zeigt dieses Verhalten nur in Verbindung mit Ihnen und nicht unbedingt bei anderen Menschen.
- Sie haben vieles, wenn nicht sogar alles versucht, um das Verhalten wegzutrainieren, sind damit aber erfolglos geblieben.
- Sie wenden eine ganzheitliche Kommunikation an, diese hat jedoch nichts wirklich bewirkt.
- Das Verhalten des Hundes verschlimmert sich, obwohl es keinen ersichtlichen Grund dafür gibt und in seiner Umwelt kein Auslöser erkennbar ist.
- Sie haben das Gefühl, dass sein Verhalten etwas mit Ihnen selbst zu tun hat.
- Die meisten Hunde, mit denen Sie in näheren Kontakt treten, zeigen ähnliche Verhaltensprobleme.
- Das Verhalten Ihres Hundes ist Ihnen extrem unangenehm und schränkt Sie sehr ein.

Haben Sie erkannt, dass der Hund Sie spiegelt und vielleicht sogar wegen Ihnen leidet? Lassen Sie sich nicht von Schuldgefühlen und Selbstverurteilungen zerfressen! Ihr Hund, besser gesagt, seine Seele, hat sich bewusst dafür entschieden, Sie zu spiegeln. Er wurde nicht dazu gezwungen, es ist seine Entscheidung. Darüber hinaus führen Schuldgefühle und Verurteilungen selten zu Heilung. Warum das so ist? Weil Heilung das Gegenteil von Schuldgefühlen ist. Heilung bedeutet in Wirklichkeit Vergebung, in Bezug auf sich selbst und aus Liebe zu Ihrem Hund.

Was ist aber, wenn Sie das unerwünschte Spiegelverhalten Ihres Hundes falsch oder gar nicht deuten? Tierbesitzer ziehen in solchen Fällen schnell Hundetrainer hinzu, die ihre mangelnde Einsicht manchmal sogar fördern. Anstatt genau hinzuhören und einzusehen, überfliegen sie die wichtigen Schlagzeilen. Hilft das Hundetraining nicht, finden sie sich schnell mit dieser unerwünschten Situation ab, der Hund tut dies jedoch nicht! Der treue Hüter des seelischen Glücks und der Erfüllung weiß genau, dass er einen Schritt weitergehen muss, der dieses Mal sicherlich die Alarmglocken läuten lassen wird, denn mit Krankheit ist nicht zu spaßen.

Krankheiten des Besitzers übernehmen: »Ich erkranke, damit du dich heilst.«

Hunde haben bisher einiges unternommen, damit der Mensch seine Hilfe annimmt. Sie haben alles gesagt, was sie sagen konnten und alles an Verhalten gespiegelt, was ihnen möglich war. Doch hat der Mensch alles verstanden? Ist der seelische Auftrag des Hundes, der aus Liebe und Mitgefühl geschieht, nun erledigt? Nein, denn wenn er krank wird, hat er immer noch etwas zu sagen.

Hunde wählen Krankheit nicht immer als letzte Möglichkeit, einige fallen gleich mit einer Erkrankung ins Haus anstatt zu spiegeln und andere verzichten völlig darauf. Die Seele des Hundes weiß ganz genau, welcher nächste Schritt dem Besitzer guttun würde, schließlich geht es immer noch um Einsicht und Heilung. Eine Krankheit rüttelt uns wach, bringt uns zum Nachdenken und bringt uns an unsere Grenzen.

Werden wir krank, haben wir nur noch ein Ziel, wir wollen wieder gesund werden. Das Bedürfnis dahinter ist ganz natürlich und der Körper aktiviert in Folge seine Selbstheilungskräfte. Wunden verheilen von alleine, Knochen wachsen wieder zusammen und der Muskelkater verschwindet auch nach ein paar Tagen. Geht es aber darum, wieder schnell gesund zu werden und Krankheiten zu besiegen? Wie ist unsere Beziehung und Einstellung zum Thema Krankheit?

Wenn Krankheiten tiefer gehende Botschaften für den Menschen bereithalten und nicht bloß ein Symptom sind, dann beginnen wir hellhörig zu werden. Wenn eine Krankheit sprechen könnte, was würde sie uns sagen? Besser gesagt: Was will Ihnen Ihr Hund mit seiner Krankheit sagen? Warum ist er überhaupt krank geworden?

Krankheiten übertragen

Schon als Kinder lernen wir, dass Krankheiten wie Schnupfen und Grippe auf andere übertragen werden können. Wir erfahren auch, dass wir uns schützen müssen, dass wir uns häufig die Hände waschen und kranken Menschen aus dem Weg gehen sollen. Wie ist es aber mit psychischen Krankheiten? Lassen sich diese genauso übertragen?

Unser Körper und der eines Tieres reagieren sehr stark auf emotionale und mentale Prozesse. Die Medizinwissenschaft der Psychosomatik untersucht mittlerweile seit Jahrzehnten körperliche Beschwerden, deren Ursache in der Psyche liegen. Im Klartext: Kranke Gedanken und Einstellungen bewirken einen kranken Körper. Menschen, die beispielsweise immer wieder an Halsschmerzen leiden, tun sich schwer, Dinge wirklich beim Namen zu nennen, sie schlucken oft vieles hinunter. Auf den ersten Blick mag es sich bei diesem Symptom um einen Krankheitserreger oder ein Virus handeln, das man sich eingefangen hat. Auf der Ebene des Körpers scheint das der Auslöser dieser Erkrankung zu sein. Auf der Seelenebene gibt es aber eine andere Ursache: Mit dem »Hinunterschlucken« ersticken sie das Sprechen aus dem Herzen heraus, das sich lieber frei ausdrücken würde. Das bewirkt eine energetische Blockade im Hals, durch die keine Lebensenergie mehr fließen kann. Der Hals kann nicht mehr ausreichend mit Energie versorgt werden, in Folge entsteht eine Entzündung. Nicht umsonst gibt es das Sprichwort, sich etwas von der Seele zu reden.

Hunde haben zwar keine Ahnung von Psychosomatik, sie wissen aber sehr genau, wie sie ihrem Besitzer helfen können. Ihr Ziel hinter ihrer Erkrankung: »Mein Herrchen oder Frauchen muss wieder gesund werden, auch wenn ich dabei krank werde.«

Körperliche und psychische Krankheiten übernehmen

Haben Sie als Besitzer körperliche Beschwerden, kann Ihr Hund freiwillig Ihre Symptome übernehmen, um Sie vorübergehend vom Leid zu entlasten. Die Seele des Hundes holt den kranken Gedanken oder Körperteil, der sich in Ihnen befindet, zu sich. Auf der geistigen Ebene lassen sich Krankheiten teilen oder übertragen. Teilen Sie eine Krankheit mit Ihrem Hund, dann funktioniert das nach dem Motto: »Geteiltes Leid ist halbes Leid.« Ihr Hund entlastet Sie ein wenig von Ihrem Leid, Ihre Krankheit fühlt sich dadurch weniger schlimm an. Oder aber Ihr Hund übernimmt völlig Ihre Krankheit und entlastet Sie damit ganz. Hinter seinen Absichten verbirgt sich der Wunsch nach Heilung, es geht dabei nicht primär um seine Heilung, sondern um jene des Menschen. Der Hund übernimmt unsere Krankheit, um uns wachzurütteln, er will uns zeigen, wie dringend es ist, dass wir uns um die eigene Heilung kümmern müssen.

Diese Heldentat eines Hundes gehört anerkannt und wertgeschätzt. Sobald wir Menschen merken, dass Hunde unsere Krankheiten übernehmen, damit wir heil werden, müssen wir damit beginnen, die Verantwortung für diese Krankheit wieder zu uns zu nehmen. Es ist nicht die Aufgabe des Hundes, unsere Probleme zu lösen. Sein Job ist es nicht, uns zu heilen, sondern uns darauf aufmerksam zu machen, dass wir uns selbst heilen müssen.

Hunde übernehmen aber nicht nur körperliche Krankheitssymptome, auch psychische wie Wut, Trauer, Depressionen und Angst nehmen sie auf sich. Die Krankheitssymptome des Hundes verschwinden beispielsweise erst dann, wenn der Besitzer die Ursachen für seine psychischen und seelischen Sorgen verarbeitet hat. Hat der Besitzer seine Angst vor Unsicherheit im Griff, bessern sich relativ rasch die Krankheitssymptome beim Hund. Dabei entscheidet die Seele des Hundes, ob der Hund Ihre Erkrankung psychisch oder körperlich ausdrückt.

Zeigt Ihr Hund immer wieder Krankheitssymptome, die schlecht verheilen, öfters auftreten, chronisch werden oder womöglich unheilbar sind? Merken Sie, dass Ihr Hund dann erkrankt, wenn Sie in einer schwierigen Lebensphase sind oder diese gerade hinter sich gebracht haben? Dann verbirgt sich dahinter sehr wahrscheinlich eine wichtige Botschaft für Sie. Wenn Ihr Hund Krankheiten und Verhaltensprobleme von Ihnen übernimmt, kann es sein, dass es Ihnen im ersten Moment besser geht und Sie sich kurzeitig entlastet fühlen. In Wirklichkeit will aber Ihre eigene Seele den inneren Konflikt lösen und durch Krankheit verstehen, was geändert gehört. Der Hund hält Ihnen jedoch aus Liebe seinen Spiegel vor, bis Sie verstehen, dass es Ihr eigener Konflikt ist, den er Ihnen zeigt. Es ist dann an der Zeit, sich um Ihre eigene Heilung zu kümmern und Verantwortung für Ihr Innenleben zu übernehmen.

Sie haben nun die Chance, Krankheiten aus einer neuen Perspektive heraus zu betrachten und nicht mehr oberflächlich nach der Ursache zu suchen, sondern sie tiefer gehend und spirituell zu erforschen.

Ganzheitliche Heilung von Hund und Mensch

Weltweit gibt es eine beachtliche Anzahl an dokumentieren Fällen, in denen Menschen mit scheinbar unheilbaren Erkrankungen wieder gesund werden. Auch Menschen, die jahrzehntelang mit chronischen Beschwerden kämpfen mussten, erfahren eine sogenannte Wunderheilung. Enttäuscht von unserer westlichen Medizin haben sie auf eine innere Stimme gehört, die ihnen zuflüsterte, dass sie weitermachen sollen, nicht aufgeben und das Leben wieder in die Hand nehmen müssen. Um welche Stimme handelt es sich da? Hat die Seele geflüstert?

Was hier nach Spontanheilung aussieht, geschieht selten von heute auf morgen. Hinter dieser Spontanität verstecken sich neue Gedanken und Einstellungen, gewaltige Lebensumstellungen und Einsichten, die eine Heilung erst ermöglichen konnten. Welche Erkenntnis hatten diese Geheilten? Haben sie sich von stress- und krankmachenden Menschen und Situationen getrennt? Oder haben sie anderen Menschen wieder vergeben und neuen Frieden mit sich selbst geschlossen?

Sie betrachteten ihre Krankheit vielleicht nicht mehr oberflächlich, nicht mehr als etwas, das von ihnen getrennt ist und von außen kommt. Sie verstanden sich als Verursacher ihrer eigenen Erkrankung. Als schulmedizinische Eingriffe nichts mehr brachten, tauchten sie in die tiefere Seelensprache ihrer Krankheit ein, dort mussten sie dem Krebs in die Augen sehen, mit ihm kommunizieren, statt ihn einfach wegschneiden zu lassen. Krankheiten sind selten unsere Feinde. Wir können nicht oft genug betonen, dass Sie sich keinesfalls Schuldgefühle machen sollen, sobald Sie feststellen, dass die Krankheit Ihres Hundes oder Ihre eigene etwas mit Ihren Konflikten zu tun hat. Heilung geschieht erst dann, wenn wir Schuldgefühle loslassen und wieder die Liebe zu uns selbst und unserem Tier entfachen lassen. Ganz egal, wie es gerade um uns und unser Liebstes steht.

Vielleicht versteckt sich sogar hinter einer Erkrankung auch ein großes Geschenk. Welches kann das sein? Bevor wir die Erkenntnisse, die der Krankheit entspringen, für uns nutzen können, müssen wir zuerst etwas anderes tun. Wollen wir uns unserer mentalen und körperlichen Heilung öffnen, müssen wir die Beziehung zu unserer Krankheit grundlegend verändern. Solange wir eine Krankheit als Feind betrachten, den wir schnell beseitigen, eliminieren und unterdrücken wollen, solange arbeiten wir in Wirklichkeit gegen uns. So kann sich keine Heilung vollziehen, weder für den Menschen noch für seinen Hund. Der Mensch erkennt nicht die Ursache seiner Erkrankung, es sei denn, er blickt tiefer auf seine Beschwerden oder jene des Hundes. Im Unterschied zum Menschen überspielen Hunde keine Krankheiten, sie begegnen ihnen mit aller Offenheit.

Wenn wir nicht sehen wollen, dass wir krank sind, wird uns der Hund darauf hinweisen. Er weiß, dass wir dann nicht mehr wegschauen können. Jetzt kann er nur noch hoffen, dass wir uns heilen und alles tun, um wieder in Balance zu kommen.

Bitte vergessen Sie dabei nicht, dass Sterben aus der Sicht des Tieres nicht unbedingt tragisch sein muss. Manchmal bedeutet Heilung wieder gesund zu werden, in manchen Fällen aber auch zu sterben. Das entscheidet die Seele des Hundes. Ein Heilprozess kann auch so aussehen, dass wir Menschen lernen müssen, vom Körper des Tieres loszulassen, damit die Seele ihren freien Weg gehen kann.

Eine unsichtbare Welt im Körper

Untersuchen wir unseren Körper genauer, stellen wir fest, dass wir aus Muskeln, Organen, Knochen, Sehnen, Nerven- und Blutbahnen bestehen. Wenn das scheinbar alles ist, wie ist es dann möglich, dass Menschen auf die Setzung einer Akupunkturnadel mit Heilung reagieren? Warum wirken Placeboeffekte, bei denen Menschen nach der Einnahme eines an sich wirkungslosen Medikaments von weniger Schmerzen berichten?

Der menschliche Körper lebt nicht nur von Muskeln,

Organen und Knochen, wir bestehen aus Energiebahnen und Energiezentren, die diese physischen Organe mit Lebensenergie versorgen. Ohne unsere Energiezentren würde unser Körper keine lebenskräftigenden »Nährstoffe« bekommen. Bei einem Herzversagen versagt nicht das Herz, sondern die energetische Versorgung zum Herzen, verursacht durch eine Energieblockade. Woher kommt diese Lebensenergie? Die Seele ermöglicht sie und der Geist nutzt sie. Unser Geist ist daher der Urheber unserer Krankheiten und die Seele ihr ultimativer Heiler. Wir können uns daher krank »denken« und uns auch wieder gesund »wünschen«.

Wenn Sie noch nicht die spirituelle Ursache einer Erkrankung kennen, befassen Sie sich mit alternativen Heilmethoden, die im Vergleich zur Schulmedizin schonender, manchmal wirkungsvoller und nebenwirkungsfreier sind. Sie helfen Mensch und Hund dabei, blockierte Energien zu aktivieren und den Heilungsprozess einzuleiten. Wir haben für Sie eine Darstellung mit den wichtigsten alternativen Heilmethoden erarbeitet, die Sie schnell und ohne fremde Hilfe mit Ihrem Hund ausprobieren können.

	Häufigste Anwendung	Art der Anwendung	Anwendungsbeispiele	Anmerkungen
Bachblüten	Bei Verhaltensproblemen, Vorbereitung der Seele auf Veränderung	Notfall: 4 Tropfen alle 10 min. Kurztherapie: 4-mal täglich 4 Tropfen über 4 Wochen Langzeittherapie: täglich 4 Tropfen in Wasserschüssel, über mehrere Monate	Rescue- Notfalltropfen bei Schockzustand, nach OP, bei Panikattacken	Empfehlenswert mit Training, Coaching oder Therapie zu kombinieren.
Ätherische Öle	Bei Verhaltensproblemen und körperlichen Beschwerden	Lokale Behandlung (verdünnt!) oder als Duftöl im Raum	Lavendel und Ylang beruhigen, Pfefferminze belebt, Teebaumöl desinfiziert	Lassen Sie Ihren Hund sein Öl aussuchen, er weiß, was ihm guttut.
Farbtherapie	Bei Verhaltensproblemen und eher chronischen körperlichen Beschwerden	Direkte Bestrahlung oder farbige Decken aussuchen, auf die der Hund und Sie selbst sich legen können	Violett: bei innerlicher Spannung,	Bleiben Sie mit Ihrem Hund auf einer Farbdecke, solange es sich gut anfühlt.

	Häufigste Anwendung	Art der Anwendung	Anwendungsbeispiele	Anmerkungen
			Blau: bei Ungeduld und Magenproblemen, Gelb: fürs Nervensystem, Rot: für die Durchblutung und bei Trägheit	
Klangtherapie	Zum Entspannen und zum Ausgleich	Leise Musik im Raum oder im Auto	Klassische Musik mit langsamen Rhythmen und wiederkehrenden Mustern beruhigen	Entspannen Sie sich gleichzeitig mit Ihrem Hund.
Heilkräuter	Bei körperlichen Beschwerden	Unters Futter mischen oder mit einem Löffel Honig verabreichen	Anis: bei Atemproblemen, Fenchel: bei Magenproblemen, Brennnessel: wirkt blutreinigend	Kräuter und Dosierung in zuverlässigen Quellen recherchieren!

	Häufigste Anwendung	Art der Anwendung	Anwendungsbeispiele	Anmerkungen
Massage	Bei Unruhe und Muskelverspannungen	Massage immer mit sanften Streicheleinheiten beginnen und beenden	Reibungen erwärmen und beleben, langsames Streicheln beruhigt, Schütteln entspannt die Muskeln	Ein Beispiel dafür wäre die Anwendung der T-Touch-Methode®. Bitte bei kranken Hunden unbedingt den Physiotherapeuten hinzuziehen!
Heilende Symbole & Zahlen	Bei Verhaltensproblemen und körperlichen Beschwerden	Direkt auf den Körper auftragen oder Problem/Wunsch auf einen Zettel schreiben und dort Symbol/Zahl platzieren.	Sinus-Zeichen: kehrt Krankheiten um, Ypsilon: festigt Positives, horizontale Striche: bei Narben oder Schmerzen	Recherchieren Sie nach heilenden Symbolen und Zahlen und wählen Sie nach Gefühl aus.

Praxistipp

So wenden Sie alternative Heilmethoden richtig an:

- Hunde sprechen sehr gut auf alternative Heilmethoden an. Achten Sie bitte auf die richtige Dosierung, die von Größe und Alter abhängt.
- Auch wenn nur der Hund die Krankheitssymptome zeigt, ist es ratsam, dass Sie sich gleichzeitig mittherapieren. Sie und Ihr Hund sind ein einheitliches energetisches System.
- Alternative Heilmethoden haben selten Nebenwirkungen. Sie können jedoch zu Erstverschlimmerungen führen, die ein Anzeichen dafür sind, dass der Heilprozess aktiviert wurde. Fahren Sie fort mit der Behandlung. Bitte achten Sie auf die richtige Anwendung und Dosierung.
- Wollen Sie sich gleichzeitig schulmedizinisch oder psychotherapeutisch begleiten lassen, wählen Sie einen vertrauenswürdigen Arzt oder Therapeuten aus, der Ganzheitsbehandlungen anbietet. Auch Tierärzte greifen mittlerweile auf Alternativmedizin zurück.

Krankheitsbilder spirituell deuten

Viele Naturvölker deuten die psychische oder körperliche Krankheit eines Stammesmitglieds mit spiritueller Weisheit, sie tun das mit größter Selbstverständlichkeit und Hochachtung. Heiler von Urstämmen des Regenwaldes kontaktieren beispielsweise in Ritualen die kranken Anteile des Menschen. Daraufhin rufen sie die Allwissenheit der Seele und der Geisteswesen, um den Heilprozess einzuleiten.

Diesen schließen sie mit der Einnahme einer pflanzlichen Medizin ab, die sie dem Kranken verabreichen. Der Heiler bedankt sich dann bei der Seele und den Geisteswesen für die Heilung, so als ob diese bereits geschehen wäre. Er erklärt dem Heilungssuchenden, welche emotionale und mentale Ursache seine Erkrankung hat, sofern er das im Ritual nicht bereits getan hat. Außerdem erfährt der Kranke, welche Einstellungen und Geisteshaltungen er ändern muss, damit Heilung geschehen kann und keine neue Krankheit entsteht. Der Kranke bedankt sich zum Abschluss bei seinem Heiler, nun kann die Heilung geschehen.

Vielen Menschen fällt es leicht, zu glauben, dass eine geistige Erkrankung mentale oder emotionale Ursachen hat. Ein Burnout verursacht durch Mobbing löst Ängste und schlaflose Nächte in uns aus. Diese Ängste blockieren den Energiefluss im Körper und er kann nicht mehr frei arbeiten, Ermüdung und Ausgebranntheit machen sich bemerkt. Der Körper resigniert, der Mensch muss etwas tun. Was aber genau? Soll er ein Medikament schlucken, das pushende Endorphine im Körper freisetzt? Wahrscheinlich nicht, der Kranke muss viel eher verstehen, warum es zu diesem Burnout kam. Er hat die Chance zu lernen, anders als bisher mit Ängsten umzugehen und sich auf eine gesunde Art und Weise von Menschen abzugrenzen, die ihm nicht guttun.

Doch was ist mit physischen Krankheiten, bei denen im ersten Moment glasklar ersichtlich ist, welche Ursache dahintersteckt? Menschen mit einer Lebensmittelvergiftung fragen sich beispielsweise selten, ob hier mentale oder emotionale Blockaden im Spiel sind, sie geben dem schlechten Fisch die Schuld. Ist die Nahrung der Grund für diese Erkrankung? Physisch gesehen ja, spirituell jedoch nicht, da jede Krankheit geistige Ursachen hat, braucht es hier auch eine neue Einsicht. Es ist kein Zufall, dass genau Sie diesen schlechten Fisch erwischt haben. War er für Sie bestimmt? Er wollte Sie auf etwas aufmerksam machen. Spirituell müssten Sie sich fragen: Gibt es Menschen und Situationen in meinem Leben, die ich nicht verdaue? Hege und pflege ich vergiftete Gedanken im Alltag, die mich wehrlos und ohnmächtig machen? Diese versteckte Botschaft wird Ihnen durch den schlechten Fisch übermittelt. Spirituell gesehen gibt es keine Zufälle, nie.

Wir möchten Ihnen einige Krankheitsbilder von Menschen und Hunden zeigen, um Ihnen ein erstes Gefühl dafür zu vermitteln, wie Sie diese spirituell deuten können. Unsere Erklärungen treffen nicht immer auf jede Krankheit gleich zu, sie können durchaus variieren.

Physische Krankheitsbilder bei Hund und Mensch

Bitte beachten Sie, dass Krankheitssymptome Ihres Hundes eigentlich Ihre eigenen sein könnten. Er hat in vielen Fällen sehr wahrscheinlich Ihre Symptome übernommen. Diese Deutung von Krankheitsbildern dient nur zu Ihrer Orientierung und soll nicht als Diagnose gesehen werden.

Allergien, Hautjucken, Unverträglichkeiten

Sie oder Ihr Hund haben ein Minderwertigkeitsthema oder können sich von anderen schlecht abgrenzen. Sie fühlen sich missbraucht oder unwohl in Ihrem Körper, in Ihrer Arbeit oder im privaten Umfeld. Sie lassen sich gerne von Kleinigkeiten überfallen und hinunterziehen. Sie haben den Zugang zu sich selbst und zur Natur verloren. Es fehlt Ihnen an Selbstliebe, Sie bevorzugen es eher, sich selbst wehzutun.

Lösung: Ändern Sie Ihr Umfeld. Grenzen Sie sich ab, lassen Sie sich nicht mehr ausnutzen. Unternehmen Sie Dinge, die Ihnen Spaß machen. Genießen Sie das Leben wieder.

Üben Sie sich in Selbstliebe. Beginnen Sie, sich zu belohnen. Achten Sie auf Ihre Gefühle!

Augenprobleme

Sie oder Ihr Hund wollen der Wahrheit nicht ins Auge sehen. Sie wollen aktuelle Situationen in Ihrem Leben oder Ihrem Umfeld nicht annehmen, Sie schauen weg. Was Sie sehen würden, macht Sie wütend, traurig oder unsicher im Hinblick auf die Zukunft, daher beschäftigen Sie sich lieber mit anderen Dingen.

Lösung: Schauen Sie nicht weg! Stellen Sie sich der Situation und ändern Sie, was Sie bislang nicht sehen wollten. Reden Sie unangenehme Dinge nicht schön. Lassen Sie los von künstlichem Optimismus. Zeigen Sie sich selbst die Wahrheit Ihrer Gefühle!

Bandscheibenvorfall

Sie oder Ihr Hund tragen viel Last mit sich. Ihr Körper, Ihr Geist oder Ihre Seele ist müde und braucht eine Pause. Vielleicht tragen Sie auch die Last eines anderen Menschen. Vielleicht fühlen Sie sich im Stich gelassen, nicht unterstützt, alleine und unentschlossen.

Lösung: Grenzen Sie sich ab. Verstreuen Sie Ihre Energie nicht unüberlegt. Kümmern Sie sich um Ihr eigenes Wohlergehen. Vertrauen Sie darauf, dass das Leben Sie unterstützt. Lieben Sie sich. Wenn nahe Menschen leiden, dann lassen Sie ihnen ihr Leid, statt das Leid aller auf Ihren Schultern zu tragen. Helfen Sie Menschen nicht aus Schuldbewusstsein oder Mitleid. Machen Sie sich klar, dass Sie, wenn überhaupt, nur mehr aus Liebe und Mitgefühl helfen möchten, aber gleichzeitig nie auf Kosten Ihres eigenen Wohlbefindens.

Grenzen Sie sich von den negativen Gefühlen anderer ab!

Bein- und Gelenksprobleme

Sie oder Ihr Hund stehen an, es geht nicht weiter. Sie drehen sich im Kreis oder Sie machen zu große Schritte im Leben. Sie gönnen sich keine Ruhe und haben Angst davor, stehen zu bleiben. Sie verlangen zu viel von sich selbst. Sie sind ständig auf der Flucht.

Lösung: Bremsen Sie sich ein. Untersuchen Sie, was Sie stresst und hetzt. Treffen Sie klare Entscheidungen. Ändern Sie Ihr bisheriges Tempo. Hören Sie auf Ihren Körper. Richten Sie die Aufmerksamkeit auf die Gefühle, die hinter dem Gehetztsein stecken!

Ohrenprobleme

Sie oder Ihr Hund wollen die Umwelt nicht wahrnehmen. Sie nehmen Ratschläge, Anweisungen, Kritik oder Ideen von Ihrem Umfeld nicht an. Sie hören wichtige Botschaften Ihres Umfeldes oder die Ihrer Seele nicht.

Lösung: Öffnen Sie Ihre Ohren. Lassen Sie sich beraten und fragen Sie andere um ihre Meinung. Nehmen Sie Kritik konstruktiv an. Fragen Sie sich, was Sie hören sollen. Achten Sie auf die Botschaften Ihrer Gefühle!

Scheinträchtigkeit

Sie oder Ihr Hund wünschen sich mehr Freundschaften, engere Kontakte zur Familie oder zu Bekannten. Sie vermissen Ihre Kinder oder Familienmitglieder. Sie sehnen sich nach erfüllten Beziehungen. Sie wollen Ihre Beziehungsfähigkeit stärken.

Lösung: Arbeiten Sie an Ihrer Beziehungsfähigkeit. Treffen Sie Menschen und geben sowie empfangen Sie deren Liebe. Heilen Sie Ihre Einsamkeit. Lösen Sie alte Herzverletzungen. Verarbeiten Sie die Gefühle von Herzschmerz und Trauer!

Verdauungsprobleme

Sie oder Ihr Hund haben verdrängte Gefühle, wie große Angst, Wut oder Trauer, die Sie nicht zum Vorschein bringen wollen. Sie übernehmen Probleme Ihres Umfelds und können sie nicht verdauen. Sie verarbeiten Gefühle schwer. Sie sind emotional gehemmt.

Lösung: Begegnen Sie all Ihren Gefühlen heilend. Fragen Sie sich, was Sie nicht verdauen können. Grenzen Sie sich von den Problemen anderer Menschen ab. Treffen Sie die bewusste Entscheidung, sich all Ihren Gefühlen heilend zu öffnen!

Psychische Krankheitsbilder bei Hund und Mensch

Bitte beachten Sie, dass Krankheitssymptome Ihres Hundes eigentlich Ihre eigenen sein könnten. Er hat in vielen Fällen sehr wahrscheinlich Ihre Symptome übernommen. Diese Deutung von Krankheitsbildern dient nur zu Ihrer Orientierung und soll nicht als Diagnose gesehen werden.

Essstörungen

Sie oder Ihr Hund hassen sich selbst. Sie fühlen sich ungeliebt und im Stich gelassen. Sie entsagen dem Leben und fühlen sich nicht geborgen. Sie benötigen Schutz von außen (bei Übergewicht) und es fehlt Ihnen an innerer Erfüllung oder Sie können die Fülle des Lebens nicht annehmen (bei Untergewicht).

Lösung: Richten Sie Heilwünsche an Ihre Seele. Erkennen Sie immer mehr schöne und liebenswerte Dinge an Ihnen. Lassen Sie die Schönheit des Lebens wieder zu. Schützen Sie sich energetisch. Kompensieren Sie negative Gefühle nicht mehr mit Essen oder Hungern! Sagen Sie »Ja« zum Leben. Sagen Sie »Ja« zur Fülle des Lebens.

Depressionen

Sie oder Ihr Hund fühlen sich hoffnungslos und wütend, wobei sie jede Wut und Hoffnungslosigkeit verdrängt haben. Stattdessen richten Sie diese unbewusst gegen sich selbst. Sie wurden von anderen Menschen unterdrückt, schwer enttäuscht oder dominiert. Sie wollen nichts mehr mit Ihrer Außenwelt zu tun haben, weil diese Sie sehr verletzt hat.

Lösung: Erkennen Sie, dass Sie ein spirituelles Wesen mit Heilkräften sind. Begegnen Sie all Ihren Gefühlen mit Heilung und Wertschätzung. Schließen Sie Frieden mit alten Wunden. Sagen Sie »Nein« zu Menschen und Handlungen, die Ihnen schaden. Seien Sie in einem geschützten Raum wieder einmal wütend!

Suchtverhalten

Sie oder Ihr Hund fühlen sich ungeliebt und suchen nach Ersatz. Sie sind verzweifelt auf der Suche nach Glück und Wohlbefinden. Sie laufen vor sich selbst davon und benötigen daher bewusstseinsverändernde Substanzen. Sie sind mit sich selbst nicht im Reinen. Sie wollen Ihren inneren Schmerz nicht spüren.

Lösung: Suchen Sie nicht mehr im Außen, wenden Sie die Suche nach innen, in Ihre Seele. Lenken Sie sich nicht mehr ab. Lenken Sie all Ihre Energie in Ihre Heilung. Öffnen Sie sich für die Selbstliebe. Begegnen Sie Ihren Gefühlen mit Liebe und einem Heilversprechen!

Nervosität

Sie oder Ihr Hund fühlen sich gehetzt. Sie haben Angst vor dem Leben. Es fehlt Ihnen an Urvertrauen. Sie empfinden das Leben als einen Kampf. Sie denken, das Leben und die Zeit arbeiten gegen Sie.

Lösung: Bei Anzeichen von Nervosität machen Sie

genau das Gegenteil und werden Sie langsamer und ruhiger. Lassen Sie sich nicht mehr hetzen. Befreunden Sie sich mit der Zeit. Unterlassen Sie unnötige Aktivität. Lernen Sie zu vertrauen. Achten Sie darauf, welche Gefühle hinter der Nervosität stecken!

Erschöpfungszustände, Müdigkeit

Sie oder Ihr Hund tun Dinge oder treffen sich mit Menschen, die Energie saugen. Sie fühlen sich ohnmächtig, machtlos und lebensmüde. Sie vertrauen nicht mehr in Ihre eigenen Kräfte. Sie wollen es allen recht machen. Sie missachten Ihre eigenen Bedürfnisse.

Lösung: Erkennen Sie, dass die wichtigste Person im Leben Sie selbst sind. Finden Sie Aktivitäten und Menschen, die Ihnen Freude bereiten. Sagen Sie »Nein« zu aufgetragenen Verpflichtungen und Erwartungen anderer. Sagen Sie »Ja« zu Ihren Gefühlen und Bedürfnissen. Achten Sie mehr auf sich selbst!

Zwangsneurosen/Stereotypen

Sie oder Ihr Hund haben einen ungesunden Drang zur Selbstperfektion. Sie empfinden sich als nicht gut genug und kompensieren dies mit Handlungen. Sie haben Angst davor, etwas Falsches zu machen. Sie nehmen die Bewertungen anderer Menschen viel zu wichtig. Sie sind lebensmüde.

Lösung: Suchen Sie Liebe und Sicherheit nicht mehr in äußeren Handlungen. Lenken Sie die Energie auf neue und heilende Tätigkeiten. Übernehmen Sie die volle Bereitschaft für Selbstbewusstsein und Selbstliebe. Tun Sie Schritt für Schritt immer wieder genau das Gegenteil. Achten Sie auf Ihre Gefühle, die hinter Ihrer Handlung stecken!

Hinter all diesen Krankheitssymptomen und Lösungen steckt eine Kernbotschaft, die Ihnen nicht entgehen sollte. Beginnen Sie, eigene Erkrankungen und die Ihres Hundes spirituell zu deuten, erkennen Sie, dass diese ein großes Geschenk bereithalten. Es führt Sie wieder zurück in den Kern Ihrer Seele, an einen Ort, an dem Sie gesünder, glücklicher, erfolgreicher und freier werden können. Ihr Hund übernimmt dabei mit großer Bereitschaft die Rolle des Helfers für Ihre Seele, die sich Ihre Gesundung wünscht. Die Heilung des Menschen ist sein Weg und seine Bereitschaft zur Selbstheilung seine große Hoffnung.

Seelische Heilbilder erstellen

Wir sind mit Krankheitsbildern und Diagnosen bestens vertraut. Dafür haben wir auch die entsprechenden Geräte und Methoden entwickelt, die uns analysieren, diagnostizieren, untersuchen und warnen helfen. Heilen sie uns aber auch auf dem besten und gesündesten Weg?

Der Plan einer Seele ist es, vollkommene Glückseligkeit, Gesundheit, Erfolg und Freiheit zu erlangen. Gleichzeitig müssen wir uns fragen, ob wir das auch realisieren können. Haben wir das Potenzial und die Fähigkeit, ein Leben in Erfüllung und Glückseligkeit zu erschaffen? Selbstverständlich, sonst würde sich die Seele es nicht zum Ziel setzen. Die Seele hat das Potenzial zur Heilung und Transformation. Diese Kräfte, die auch unser Körper und Geist besitzen, sind nur ein Vorgeschmack dessen, wozu die Seele fähig ist.

Die Seele ist im Vergleich zum Körper und Geist unverfälschbar. Das bedeutet, dass wir zwar unseren Körper, unsere Gefühle und Gedanken manipulieren und dominieren können, doch die Seele folgt ihrem eigenen Plan, auch wenn

Sie das nicht tun. Sie muss dann Möglichkeiten und Wege finden, um ihre Wünsche noch schärfer zu kommunizieren. Diese Seelenwünsche sind nie gegen Sie gerichtet, sie helfen Ihnen dabei, Ihr volles Potenzial zu ergreifen und ein Leben zu führen, das Ihnen die größtmögliche Erfüllung schenkt. Auch wenn Sie oftmals vorübergehend ein Tief bewältigen müssen.

Unsere große Aufgabe besteht darin, dass wir lernen, dem Bedürfnis der Seele nach Heilung und Veränderung zu folgen. Wir müssen uns daher immer wieder mit unserem Seelenorgan verbinden und mit ihm kommunizieren. Nur so können wir erfolgreich aus einem alten Ich herauswachsen, das zwar lebt, aber nicht lebendig ist. Es ist eine Art kleines Ich, das nichts mit unserem göttlichen Wesen zu tun hat. Und genau hier hilft Ihnen Ihr Hund, sich aus der inneren Gefangenschaft zu befreien und sich an Ihr wahres Ich zu erinnern.

Möchten Sie sich der Heilkraft Ihrer Seele bedienen, empfehlen wir Ihnen, ein seelisches Heilbild für sich und Ihren Hund zu erstellen. Dieses Heilbild nutzen Sie am besten dafür, um Heilprozesse zu aktivieren und präventiv zu arbeiten. Es eignet sich genauso für eine seelische Behandlung von psychischen und körperlichen Beschwerden. Für die Erstellung Ihres Heilbilds benötigen Sie ungefähr zwischen 15 und 30 Minuten, in denen Sie 13 Schritte durchlaufen. Gehen Sie intuitiv und nach Ihrem Bauchgefühl vor und passen Sie den Prozess ruhig Ihren persönlichen Bedürfnissen an.

Dsa fertige seelische Heilbild

Das fertige seelische Heilbild für Mensch und Hund heilt Krankheiten alternativ

Schritte	Aktion	Genauere Anleitung mit Beispiel
Klärung finden	Machen Sie sich klar, was Ihr Herzensanliegen ist.	Beispiel: Sie (oder Ihr Hund) leiden unter Schlafproblemen und wollen wieder durchschlafen.

Entspannung einleiten	Entspannen Sie sich und schaffen Sie eine angenehme und ruhige Atmosphäre. Achten Sie drauf, dass Ihr Hund entspannt ist.	Atmen sie dreimal tief ein und aus. Lassen Sie Ihren Körper und Geist ruhig werden. (Ihr Hund liegt ruhig neben Ihnen.)
Entscheidung treffen	Treffen Sie bewusst die Entscheidung, Ihre Seele mit ihren Heilkräften zu rufen.	Sagen Sie dreimal deutlich: »Ich bitte jetzt meine Seele um Ihre Anwesenheit und Heilung.«
Denkzentrum verlagern	Verlagern Sie Ihr Denkzentrum vom Kopf ins Herz. Lassen Sie nun Gedanken und Gefühle von dort aus kommen.	Richten Sie Ihre Aufmerksamkeit auf Ihren Brustbereich. Sagen Sie sich, dass Sie von dort aus denken und handeln werden. Legen Sie Ihre beiden Hände auf Ihre Brust.
Heilwunsch definieren	Formulieren Sie einen konkreten Heilwunsch für Ihr Herzensanliegen. Diesen Heilwunsch formulieren Sie positiv, in der Gegenwart und klar.	Formulieren Sie den Wunsch mit den Anfangsworten: »Ich bin ...« Ihr Heilwunsch bei Schlafstörungen könnte daher zum Beispiel lauten: »Ich (mein Hund) bin (ist) vital und ausgeschlafen.«
Leeres Blatt vorbereiten	Nehmen Sie nun ein leeres Blatt Papier oder ein leeres Dokument am PC. Setzen Sie drauf ein Foto von sich und/oder Ihrem Hund. Schreiben Sie Ihren Heilwunsch drauf.	Nehmen Sie ein Foto von sich und Ihrem Hund auf dem Sie sich glücklich, gesund, frei und erfolgreich fühlen. Schreiben Sie dann beispielsweise: »Ich (mein Hund) bin (ist) vital und ausgeschlafen.«

Seelenstimme erlauben	Fragen Sie nun Ihre Seele, welcher Ton oder Wortlaut Ihnen zu diesem Heilwunsch verhilft. Achten Sie darauf, dass eine Antwort vom Herzzentrum kommt. »Liebe Seele, welches Wort oder welcher Ton lässt Heilung geschehen?«	Bleiben Sie mit der Aufmerksamkeit im Herzen. Halten Sie Ihre Hände auf die Brust. Schreiben Sie den Ton/Wortlaut auf Ihr Heilbild, das Ihnen ganz spontan vom Herzen kommt, zum Beispiel: »OM« Kommt keine Botschaft? Sie benötigen jetzt auch nicht unbedingt ein Wort. Gehen Sie einfach weiter zum nächsten Schritt.
Seelenkörper erlauben	Fragen Sie nun Ihre Seele, welcher Teil Ihres Körpers Ihnen zu Ihrem Heilwunsch verhilft. Achten Sie darauf, dass eine Antwort vom Herzzentrum kommt. »Liebe Seele, welcher Körperteil lässt Heilung geschehen?«	Bleiben Sie mit der Aufmerksamkeit im Herzen. Halten Sie Ihre Hände auf der Brust. Positionieren Sie jenen Körperteil auf dem Heilbild, den Sie ganz spontan spüren oder fühlen, zum Beispiel: »Herz« Kommt keine Botschaft? Sie benötigen jetzt auch nicht unbedingt einen Körperteil. Gehen Sie einfach weiter zum nächsten Schritt.

Seelengefühl erlauben	Fragen Sie nun Ihre Seele, welches Gefühl Ihnen zu Ihrem Heilwunsch verhilft. Achten Sie darauf, dass eine Antwort vom Herzzentrum kommt. »Liebe Seele, welches Gefühl lässt Heilung geschehen?«	Bleiben Sie mit der Aufmerksamkeit im Herzen. Halten Sie Ihre Hände auf der Brust. Schreiben Sie das Gefühl das Sie spüren auf Ihr Heilbild, zum Beispiel: »gesund« Kommt keine Botschaft? Sie benötigen jetzt auch nicht unbedingt ein Gefühl. Gehen Sie einfach weiter zum nächsten Schritt.
Seelen-gedanken erlauben	Fragen Sie nun Ihre Seele, welcher Gedanke Ihnen zu Ihrem Heilwunsch verhilft. Achten Sie darauf, dass eine Antwort vom Herzzentrum kommt. »Liebe Seele, welcher Gedanke lässt Heilung geschehen?«	Bleiben Sie mit der Aufmerksamkeit im Herzen. Halten Sie Ihre Hände auf der Brust. Schreiben Sie den Gedanken auf, der Ihnen erscheint, zum Beispiel: »Vergebung« Kommt keine Botschaft? Sie benötigen jetzt auch nicht unbedingt einen Gedanken. Gehen Sie einfach weiter zum nächsten Schritt.

Seelensymbol erlauben	Fragen Sie nun Ihre Seele, welches Symbol Ihnen zu Ihrem Heilwunsch verhilft. Achten Sie auch hier darauf, dass eine Antwort vom Herzzentrum kommt. Ein Symbol ist entweder ein Zeichen und/oder eine Zahl, eine Farbe usw. »Liebe Seele, welches Symbol lässt Heilung geschehen?«	Bleiben Sie mit der Aufmerksamkeit im Herzen. Halten Sie Ihre Hände auf der Brust. Zeichnen Sie jenes Symbol auf/fügen Sie es ein, das sich heilend anfühlt, zum Beispiel: »Stern – in der Farbe Gold« Kommt keine Botschaft? Sie benötigen jetzt auch nicht unbedingt ein Symbol. Gehen Sie einfach weiter zum nächsten Schritt.
Heilung aussprechen	Nehmen Sie nun Ihr fertiges Heilbild in die Hand und setzen Sie es auf die Brust. Sprechen Sie Ihre Heilung aus. Wiederholen Sie Ihren Heilwunsch dabei.	Sie können beispielsweise dreimal sagen: »Ich bin jetzt bereit, die Ursache dieser Krankheit mit Liebe zu erkennen, von ihr zu lernen und sie aufzulösen. Ich (mein Hund) bin (ist) ausgeschlafen.«
Dank aussprechen	Bedanken Sie sich bei Ihrer Seele für die seelische Führung und ihre Heilung. Jetzt kann Heilung geschehen.	Sagen Sie einfach: »Danke!«

Damit Ihre Heilung noch leichter geschehen kann, beachten Sie bitte diese Punkte:

- Kleben Sie das fertige Heilbild dorthin, wo Sie immer wieder untertags vorbeigehen und es anschauen können. Sie können es auch in der Hosentasche tragen oder an einer anderen Stelle nahe am Körper. Achten Sie von nun an auf die Heilzeichen der Seele. Die Seele übermittelt Ihnen mögliche Heilwege in Form von Menschen, Worten, Begegnungen, Eingebungen, Träumen, Aufschriften, Medizin und natürlichen oder chemischen Arzneien. Sagen Sie »Ja« zu diesen Zeichen und zeigen Sie Bereitschaft, auch alles für Ihre Heilung zu tun.
- Achten Sie auf »Zufälle«. Stoßen Sie plötzlich auf ein Buch, eine wichtige Botschaft oder einen Heiler, dann signalisieren Sie ein klares »Ja« zu Ihrer Heilung. Fällt Ihnen ein bestimmtes Lied ein, hören Sie ganz genau auf die Botschaften dieses Liedes. Ist Ihr Auto plötzlich defekt, kann es mit Ihrer Heilung zusammenhängen. Ruft ein alter Freund an, ist das ein Zeichen dafür, dass Ihre Heilung mehr oder weniger direkt mit diesem Menschen zu tun hat.
- Achten Sie auch besonders auf Ihre Gefühle. Treffen Sie die Entscheidung, alle Gefühle heilend wahrzunehmen und auszudrücken. Emotionen haben bei Krankheit und Heilung eine grundlegende Funktion. Wir empfehlen Ihnen auch gute Ratgeber zur Integration und Heilung von Schattengefühlen. Haben Sie den Eindruck, dass sich nichts tut, verzweifeln Sie bitte nicht, sondern vertrauen Sie dem Prozess. Bleiben Sie bei Ihrem Heilwunsch. Ihre Seele weiß ganz genau, wann der richtige Zeitpunkt für Ihre Heilung ist. Derzeit scheint einfach noch nicht der günstigste Moment zu sein, doch er wird kommen. Vertrauen Sie darauf! Es ist durchaus möglich, dass es zu einer Erstverschlimmerung physischer oder psychischer

Symptome kommt, dabei handelt es sich womöglich um einen intensiven Reinigungsprozess, der krankmachende Gefühle, Gedanken und Viren ausschwemmen soll. Unterstützen Sie diesen Prozess mental, emotional und körperlich. Holen Sie sich immer wieder Ihr Heilbild vor Ihre Augen. Sie können außerdem jederzeit den Rat eines Arztes oder Therapeuten hinzuziehen.

- Ist Ihr Heilprozess aktiviert, kann es sinnvoll sein, Ihre Ernährung übergangsweise oder auch für immer umzustellen. Heilung bedeutet auch Reinigung, die ebenso physisch passiert. Für Hunde haben wir Ihnen bereits im ersten Kapitel ausführliche Ernährungs-Tipps gegeben. Beim Menschen beschränken wir uns auf die wichtigsten Ernährungsempfehlungen: Greifen Sie zu basischen Lebensmitteln und reduzieren Sie den Konsum von Fleisch, Milch und Käse aus Massentierhaltung. Ernähren Sie sich überwiegend frei von raffiniertem Zucker und minderwertigen Fetten und steigen Sie auf hochwertig kaltgepresste Speiseöle um. Vermeiden Sie stark verarbeitete Lebensmittel mit hohem Weißmehl- und Glutenanteil. Greifen Sie zu frischen, rohen, vollwertigen und biologischen Lebensmitteln, mit viel pflanzlichem Eiweiß und hohem Gemüse- sowie Obstanteil. Reduzieren Sie den Konsum von Fertiggerichten, Mikrowellenessen, Frittiertem oder Paniertem. Trinken Sie nur mäßig Getränke mit hohem Anteil an Kohlensäure und steigen Sie lieber auf zwei Liter reines stilles Wasser pro Tag und ungesüßte Kräutertees um. Finden Sie Alternativen zum Süßen wie Ahornsirup, Stevia oder Honig. Beschäftigen Sie sich mit sogenannten »Superfoods« und Vollwertnahrung mit hohem Rohkostanteil. Achten Sie bei der Ernährung darauf, ob Ihnen diese Lebensmittel Energie geben oder nehmen. Fühlen Sie sich nach dem Essen eher müde oder vitaler? Informieren Sie sich über gesunde und schonende Entschlackungs- sowie Fastenkuren.

Wir gratulieren Ihnen zu Ihrem ersten Heilbild. Lassen Sie nun Heilung geschehen!

Sie und Ihr Hund haben sich nicht zufällig getroffen. Der Seelenvertrag mit Ihrem Haustier dient der gemeinsamen spirituellen Entfaltung, die am Ende mehr Liebe und Erkenntnis in Ihr Leben bringen wird. Ihr Hund weiß ganz genau, warum er hier ist und welche Seelenaufgabe er auf dieser Erde zu erfüllen hat. Wir Menschen plagen uns hingegen mit Zweifel und Unsicherheiten, die uns manchmal vom Kurs abbringen, was auch zum Menschsein dazugehört. Ihr Hund ist jedoch immer da, um Sie wieder auf die seelische Bahn zu bringen. Seien Sie ihm unendlich dankbar dafür. Umarmen Sie ihn am besten gleich und versprechen Sie ihm, ein noch besseres Leben führen zu wollen.

Ihre Seele zeichnet sich durch eine unendliche Tiefe aus. Sie ist unsterblich und unzerstörbar. Mit Ihrer Seele Verbindung aufzunehmen, bedeutet, ihr volles Potenzial und ihre übersinnlichen Fähigkeiten zu nutzen. Überprüfen Sie bei Ihren Zielen und Wünschen zuerst Ihren eigenen Willen und stellen Sie dann fest, ob dieser im Einklang mit dem Willen Ihrer Seele ist. Wenn die beiden miteinander verschmelzen, können Sie etwas Wunderbares und Großartiges für Ihr eigenes Leben und das Ihrer Tiere bewirken. Mit Ihrem Hund haben Sie die gemeinsame Aufgabe, mehr Licht und Liebe auf die Erde zu bringen. Wir wünschen Ihnen dabei aus tiefstem Herzen nur das Beste.

Nachwort von Laurent Amann

Alle Geschöpfe der Erde fühlen wie wir,
alle Geschöpfe streben nach Glück wie wir.
Alle Geschöpfe lieben, leiden und sterben wie wir,
also sind sie uns gleich gestellte Werke
des allmächtigen Schöpfers.
(Franz von Assisi)

Mit 24 Jahren begann meine Karriere als Jung-Forscher an der Universität Wien. Für die Promotion arbeitete ich mit Papageien, denen ich Aufgaben bezüglich ihres Lernverhaltens bei der Futtersuche stellte. Und obwohl ich als Versuchsleiter bei den Experimenten mindestens zehn Meter entfernt war und hinter einer Glasscheibe stand, zeigten die Tiere bei mir bessere Resultate als vom Forschungsteam erwartet. Mir ging danach die Frage nicht aus dem Kopf, warum das so sei, bis mich eines Tages ein Geistesblitz traf: Im Unterschied zu meinen Kollegen hatte ich zu meinen Papageien eine engere Bindung und glaubte immer daran, dass sie die Aufgabe leicht meistern würden.

Ich kehrte der Universität dann relativ bald den Rücken zu, ich hatte die Nase voll von Statistiken und wollte lieber das Seelenleben unserer Tiere erforschen. Daraufhin folgte aufgrund meiner beruflichen Neuorientierung eine Phase der Leere, die voller Höhen und Tiefen war. Zu der Zeit schaffte ich mir einen Welpen an, der mich so einiges lehrte. Ich befand mich wegen meiner Desorientierung in einer Lebenskrise, in der ich meinen guten Appetit verlor. Ich begann, unregelmäßig zu essen und der Genuss blieb immer häufiger aus. Ich machte mir aber wenig Gedanken darüber. Vielmehr sorgte ich mich um meinen Welpen, der monatelang schlecht fraß. Wenn Sie dieses Buch aufmerksam gelesen haben, wird Sie das Fressverhalten meines Hundes nicht sonderlich überraschen. Als nicht einmal das beste Futter half und ich voller Sorgen zusehen musste, wie er immer dünner wurde, machte mich mein Partner darauf aufmerksam, dass die Reaktion meines Hundes etwas mit mir zu tun haben könnte. Mir wurde klar, dass mein Hund erst dann zu fressen beginnen würde, wenn ich meine Beziehung zum Essen geheilt habe.

Ich suchte eine Heilerin auf, die mich in die tieferen Ebenen meiner Seele führte. Ich bekam durch Einsichten meiner Seele wieder eine klare Orientierung und spürte meine Bedürfnisse. Als ich begann, wieder natürlich und genussvoll zu essen, bekam auch mein Hund Rio ganz großen Appetit auf sein Futter. Ich danke ihm bis heute noch für seine Lektion, die mich heilte.

Vielleicht fragen Sie sich gerade, ob Ihre Katze, Pferde, Meerschweinchen, Fische, Schafe, Ameisen und Kühe auch eine Seele haben. Die Antwort ist ganz klar: Ja! Jedes Tier hat eine Seele und jedes Tier hält bedeutsame Seelenbotschaften für Sie bereit. So auch mein damals aggressives und unberechenbares Pferd Viona, das ich als Jugendlicher vom Schlachter gerettet hatte. Ich kann mich noch sehr gut daran erinnern, wie ich mich als 15-Jähriger wochenlang auf die Pferdewiese setzte und ein Buch las, in der Hoffnung, das Pferd würde eines Tages von alleine zu mir kommen, weil es mir vertraut. Ich beobachtete einfach nur und ließ Viona einfach so sein, wie sie war, ohne etwas erzwingen zu wollen, schon gar nicht sie zu erziehen. Die Zeit eines Teenagers ist für viele schwierig, für mich war sie ebenfalls nicht leicht. Ich hatte immer das Gefühl, ich dürfe mich nicht so zeigen, wie ich wirklich bin. Doch bei Viona fühlte ich mich frei und genauso ließ ich ihr ihre Freiheit. Ich spürte, dass ihre Seele nur so, fernab von jeglicher Erziehung und Dressur, zu mir Vertrauen aufbauen würde. Und dann, eines Tages – diesen Tag werde ich nie vergessen – kam sie von sich aus zu mir und schnupperte mich friedlich ab. Aus der gefürchteten Stute wurde plötzlich das liebevollste und friedlichste Pferd der Welt. Ich lernte von meinem Pferd, dass ich zu mir stehen darf, auch zu meinen Gefühlen und meinem Anderssein. Dadurch, dass ich ihr erlaubte, ihre eigene Freiheit wieder auszuleben, begann ich, mich selbst nach mehr Freiheit im Leben zu sehnen.

Laurent Amann

Mehr Infos zum Buch und weitere Produkte finden Sie auf: www.hundeseele.info

Danksagung

Für dieses Werk haben uns die Krafttiere und Tierseelen sowie unser Hund Rio und Pferd Viona inspiriert. Weiters danken wir jenen Menschen, die uns wissentlich und unwissentlich im Leben unterstützen und dieses Buch erst möglich gemacht haben:

Eric Alexander, Savina Baumüller, Ulrike Domenika Bolls, Valentina Bruns, Elke Essl, Helga Frauenberger, Katrin Jenni, Inés Kallab, Gerda Zander-Kayser, Martina Krenn, Paul Lensing, Alfred Lichtberger, Jacques Van Luijk, Andrea Mayerhofer, Verena Mayr, Johanna Schuh, Ann-Kathrin Schwarz, Elmar Weixlbaumer und Verena Minoggio-Weixlbaumer.

Außerdem bedanken wir uns bei all unseren Klienten und Seminarbesuchern, die uns seit Jahren dabei helfen, unser Bewusstsein für die Seele des Menschen und der Tiere zu schärfen.